Treasure Yourself

〜あなたが輝くおしゃれを探して〜

まえがき

勤めていた出版社を辞めて、フリーになろう。心も、肩書も……。そう思って、12年前、南米へと旅立ちました。

私が５年弱、編集者として携わった雑誌『ヴァンテーヌ』は、大学生の頃から私のバイブルであり、おしゃれの師でした。その想いは、運良くその雑誌の編集者となっても変わらず、心の底から楽しんで仕事をしていたのを、今でも覚えています。もちろん、体力的にはかなりタフな毎日でしたが……。

けれど、27歳になったキャリア５年目の春。突然、今まで考え抜いてきた、おしゃれのルールやコーディネートの法則を考え続けることがイヤになりました。そうして冒頭で述べた南米へと、私の人生は、それまでいた世界とは、真逆の方向へと動き出したのでした。

どうしてこんなことを書くか、というと……。実はこうしたことって、「今の私のおしゃれ」に直結しているから。『ヴァンテーヌ』で学んだ理論と、メキシコやブラジル、キューバを旅して触れた自由でカラフルな感性。これこそが私のおしゃれのベース。どちらかだけでも「私」にはならない、私だけのオリジナルがここにあるんです。

そう、ここがポイント！　皆さんにとっての「今のおしゃれ」

を作ったものは何ですか？　あなたはどんな人？　どんな男性が好きですか？　自分の体のパーツのどこが好きで、どこが気に食わない？　こんな問いかけへの答えを考えれば、あなただけのおしゃれが見つかるはず。そう思って書き始めたのが、この本です。

「おしゃれは、生まれつきのセンスだけで語れるものではない」とは、ずっと私が言ってきたこと。ただし、「センスではないですが、ルールはある」とも。そしてルールだけでは言い切れない、その人の人生観や、どんな恋に落ちてきたのか。そして、どんな場所を旅して、仕事にどう取り組んできたのか——おしゃれって、怖いですよ！　こんなことまで、映してしまうのだから……。でも、だからおもしろいし、30歳になったって、45歳になったって、もちろん60歳になろうが、歩みを止めることはなく、少しずつ進化を続けていくものなのです。

私自身、40歳を目の前に、このことを強く感じ、この本では、もっともっと、読んでくださる皆さんのそばに寄り添おうと思いました。だから、ぜひ参加してみてください。この本は、読んで勉強するというより、一緒に考える仕立てになっています。

一度今の自分を丸裸にして、ファッションで包む前の自分を見直すのは、やっぱり辛いこともあるかもしれないし、もしかしたら面倒くさいかもしれない……。けれど、一度、「私」を誤解されず、もしかしたら何割増しかにも見せてくれる、「パッケージ＝おしゃれ」を見つけてしまえば、あとは楽！　自信をもって、年齢と共に増えていく経験や、美しいシワを積み重ねていけばいいのだから。

以前に出させていただいた３冊の本とはまた違う、「参加型」の工夫がされた一冊。子供が寝た後、ベッドに入る前に少しずつでもいいし、通勤途中に読んでいただいても。気が付けば傍らにあり、読んで、ページに参加して、そしていつしか「あれ？これが私のおしゃれかも」と思っていただけたら。こんな嬉しいことはありません。

2011年10月

大草直子

Chapter Ⅱ
私らしさを見つけたら

Chapter III
私は私――。その理由

Chapter I

私らしさを見つけるために

私にしかないもの。
それってなんだろう……

仕事に、家事に、子育てに追われ、
おしゃれをする暇なんてない？
いいえ、その、あなた自身にしかない
毎日こそが、あなただけのおしゃれをつくっています。
「私を輝かせるおしゃれ」のヒントを、
7つのSTEPで、見つけましょう。

自分という揺るぎない軸と、
他人からの目。
「私らしさ」には、両方必要

雑誌の仕事で、撮影の前に、編集者にスタイリングをチェックしてもらうことを、コーディネートチェックといいます。ページの流れやテーマ、雑誌のテイストに合わせて、服を選び、靴やバッグをチョイスして、アクセサリーを加える。そうしてできあがった全身なり、部分のコーディネートを見てもらうと、たいていこう言われます。「わぁー。大草さんっぽい！」

私らしい？　私らしいって何だろう。ブログを読んでくださる方のコメントや、雑誌宛てにくるハガキにも、「私らしさが見つかりません」――というご質問をよくいただきます。みんな、探していて、そしてなかなか手にできないもの。

では、先の編集者からの言葉、「大草さんらしい」とは？？冬ならカシミアやレザー、夏ならコットン、リネンというような素材や、グレーやベージュをベースにした色使い、そしてデニムをこよなく愛する、「アイテム偏愛」。きっとこんなことをミックスしてできあがった雰囲気を、私らしいと言うのでしょう。でもこの、「らしさ」が完成したのは、本当につい最近。

自覚し始めたときと、こうしてほかの人からも言われることが多くなったときは、パーフェクトに一致していました。

これって、雑誌でつくるスタイリングだけではなく、自分が着る服もそう。常に、自分が自信とプライドをもって信じているものと、そこから１メートルくらい離れて、「他人」の目で見ることができる冷静さ。この２つが大切で、どちらかが欠けても、なかなか「素敵」で「私らしい」には行き着けない。

具体的に言うなら、私が大好きなグレーとベージュ、そしてオフホワイトの組み合わせ。「黒は、どうしても気持ちが落ち着かない」「なだらかな色の連なりが好き」という〝自分の目〟＝主観。そして、目鼻立ちがはっきりしていて、年中日焼けしている。パンツスタイルが好きで「黒を着ると、迫力がありすぎて、近寄りがたい」という〝他人の声〟＝客観性を融合した結果の、私のベースカラー。ただし、黒を着ないわけではありません。カジュアルな夏のコットン、そして例えばふんわりしたワンピースなどの、甘いデザインならＯＫ。

色、アイテム、シルエット――すべてに、確かな自分の目と、冷静に引いて見ている誰かの目を常に意識すること。きっとこれを毎日、すべての着こなしに繰り返していくことで、「私らしさ」が見つかるのかもしれません。

[Part 1]

あなた自身の目＝〝主観〟がおしゃれのベース

自分自身の過去、現在、未来を見つめる

先のページでも触れた、確たる自分の目。「これが私です」と言える、揺るぎないスタイル。それは、具体的に言うと何なのでしょうか？　例えば、エッジが効いたモードなスタイルなのか、コンサバティブで感じのよい着こなしなのか、もしくは、カジュアルでリッチなおしゃれなのか……。どれもが好きだし、どれか一つに決められない。そんな声もよく聞くし、私自身、数年前までは、昨日のイメージと今日の印象が全く違う……なんてこともありました。

それが、シンプルでリッチ、そしてどちらかというと辛口のカジュアルが私、と言えるようになったのは、きっと生き方に迷わなくなったときなのかな、と思います。

少し大げさに聞こえるかもしれませんが、「自分の生きてきた道」これを一度整理してみることが、実はとても大切なのです。持って生まれた環境に加えて、数十年間生きてきた中で、自ら決断して、選び取ってきたもの。これが「あなたの本質」

をストレートに表しているはず。何かの節目に必ず訪れる海外の街や、いつも好きになってしまう男性のタイプや、その男性のおしゃれ。もしかしたら、がむしゃらに働いた20代の何年間かだって——。

そんな過去のできごとを、すべて思い返してみてください。時にイヤな作業だし、もちろん面倒くさい。けれど自分の過去を振り返る——これって、自分のおしゃれを見つけるための、実はいちばんの近道だと、私は確信します。

そして現在。過去のすべての私がないまぜになって形作っているのが、「今の私」です。例えば40歳を目の前に控えた私は、おしゃれの基礎工事が終わったところ。もちろん完璧ではないし、それが当然で、むしろそうでないと！

さらに次のステップは、おしゃれの柱を立て、壁を塗る作業。どんな家(=おしゃれ)にしたいのか——未来を思い描きながら、小さな挑戦を続けるのみ。そこでイメージするのが、「なりたい私」です。女優や身近な人など、具体的なサンプルを挙げてもいいでしょう。もしくは、「エルメスのバーキンが誰よりも似合う人」などでも構わない。できるだけ仔細に考えること。もちろん、途中で変わってしまえば、軌道修正すればいいのです。

過去を振り返り、現在を見つめ、そして未来をイメージする——これが、一本の流れになったとき、きっとあなたのおしゃれは確かなものになり、「毎日のおしゃれがわからない」といったストレスから解放されるのだと思います。

STEP 1
Look back on yourself

～自分自身を振り返る～
私のおしゃれヒストリー

きっとほとんどの人にとっての、最も古いおしゃれの記憶は、小さい頃、母親に「着せられていた服」のはず。私の深い記憶にあるのは、ネイビーのウールのワンピースです。体に染みついたトラディショナルな色合わせや、素材使いは、やっぱりここがスタート。そして、次の思い出は、中学時代。今考えると笑ってしまいますが、この時の私はかなりの「甘好き」。リボンやフリルがふんだんに使われた、まるでショートケーキのような服たちがお気に入りでした。今からは想像できませんが、これも、「私」です。この後、アメカジにどっぷりはまった高校時代。実際にアメリカに留学していたこともあって、かなり「本気のアメリカンカジュアル」を実践していました。このスタイルも、大学に入ると一変します。たまたま大学の生協で見つけた『ヴァンテーヌ』という雑誌に出会った日から、その世界観に夢中になりました。海外＝アメリカだった私に、誌面の中ではありますが、ヨーロッパの価値観を教えてくれた一冊でした。そして結局、その憧れの雑誌の編集部で働くことになるのですが、その頃の写真には、かっちりしたジャケットスタイルが多く、もしかしたら落ち着きすぎて、今より年上に見えるかも(!?)という私がいます。

その後、５年弱勤務した『ヴァンテーヌ』編集部を辞めることにしたのが、南米への憧れ。27歳の春、突然その思いは強く大きくなり、あんなに大好きだったキャリアに一区切りをつけました。

新しい世界で見たラテンの女性たちは、カラフルで陽気、そしてうんとセクシー。ボディラインをはっきりと出し、けれどそれが健康的に見える彼女たちのおしゃれは、今までの着こなしのルールを、ある意味すべて壊してくれたのでした。

こうして20代後半でできあがった私だけのおしゃれのセオリーは、私をとても生き生きと見せ、毎日服を着るのが楽しかったのを思い出します。けれどその後また、５年くらいは、自分が見えなくなる時期＝おしゃれに迷う日々がスタートします。今思うと、スタイリングのルールがどうの……ではなく、「私」とちぐはぐで不調和。そんなときを過ごして、やっと今のスタイルができあがったのが30代後半。「私は私のままでいい」「服は自分をサポートしてくれる存在ではあっても、決して私の前に立つものではない」その頃できたこんな考えは、今でも私のおしゃれのポリシーです。

私の場合ももちろんそうですが、赤面してしまうような間違いや、思い込み。そんなことも一度、記憶の引き出しから引っ張り出すことが大切です。その上で、次は、すべてを受容してあげること。ふりふりの服を着ていた自分も（笑）。そうすることで、今、なぜ「私のおしゃれがこうなのか」がクリアになるはずです。ここまでできたら、あとのステップはだいぶ楽に上れるはず。実際にこの作業を終えた私が、そう断言します！

例えば、私の場合。

STEP 1
Look back on yourself

参考にしてみてください！

Naoko's History

自分のこれまでの歩みを振り返る中で、
あなたが経験してきたおしゃれを再認識する。
それが、まず最初に大切です。私の例を参考に、
ぜひご自身のおしゃれヒストリーを思い出して。

母はおしゃれが大好きで、いつもきれいな格好をしているのが子供心にも嬉しかった。今でも覚えている私自身のお気に入りの服は、どれもベーシックで"子供らしい"ものばかり。

16歳

ラクロス部の練習があったので、ラクロスのクロスを手に、エスプリのTシャツにショートパンツやミニスカート、バッグはレスポ、靴はリーボックやケイパのスニーカーで通学。

ジャケットにロングスカートやマキシ丈のコートなど、かなり大人っぽい服装をしていたのが、この頃。ヘアスタイルやメイクもコンサバで、今よりも老けているように見える！

18歳

21歳

0歳

1972年、東京都生まれ。おしゃれな母の影響で、姉妹揃った服装が多い

筑波大学付属小学校から、中学、高校へと進学。紺×白の制服がお気に入り

1989年、カリフォルニアの高校に1年間留学。アメカジに目覚める！

1990年、立教大学に入学。部活はラクロス部に所属。引き続き、カジュアル路線

1994年、婦人画報社（当時）に入社。『ヴァンテーヌ』で上品コンサバにどっぷり

トラッド好きの原点は、母からの影響

今でも覚えているお気に入りの服は、どれも本当にベーシックなものばかり。紺、赤、白の色合わせや、マドラスチェックなど、今の私のトラッド好きのベースは、まぎれもなく、この時期、母に着せられていた服にあります。学校の制服も、紺のジャンパースカートに白シャツというザ・トラッドでした。

オシャレの目覚めは、アメカジ全盛期

アメカジが日本で大ブームになっていたころ、ちょうどカリフォルニアの高校に1年間留学。それを機に一気に、当時流行のアメカジに目覚めました。スクールトレーナーにプリーツのミニスカート、レスポのバッグにスニーカーというスタイルが定番。初めて買ったブランドのバッグは、コーチでした。

『ヴァンテーヌ』と出会い、コンサバ路線に一転

大学3年の頃から、雑誌『ヴァンテーヌ』を愛読。「まさにこれが私のスタイル」と、雑誌から抜け出たような服ばかり着ていました。好きが高じて、ヴァンテーヌ編集部のある婦人画報社（当時）に入社。清潔感のある装いを軸に、ベージュやグレーなどのシックな色みが多くなりました。

27歳

南米の強い日差しの下で、現地の人に間違われるほど真っ黒に日焼けしていた。それまで着ることのなかった、赤や青などの鮮やかな色、セクシーなデザインに夢中に。

28歳

33歳

ベネズエラ人の夫と過ごすなかで、カジュアルな日常のスタイルと、めいっぱいおしゃれをするドレスアップ。両方で、〝私らしいおしゃれ〟が固まった。

雑誌の誌面などで私服を紹介する機会も増えたり、仕事の幅が広がっていたことを自覚していた時期に、第3子の妊娠が発覚！　妊婦でもおしゃれを楽しめることが嬉しかった！

38歳

1999年、会社を辞め、本場のサルサを学びに南米へ遊学

2000年、1度目の結婚。長女日南子誕生。しかし、2002年に離婚

2005年、再婚。長男理生誕生。スタイリストの仕事が忙しくなる

2010年、2女麻矢誕生。仕事は、雑誌以外にも書籍や講演会など、幅が広がる

セクシーなラテンのムードに刺激をうける

友人にサルサバーに連れて行ってもらったのを機に、一気にラテンにハマりました。彼らの、人生を楽しむ姿勢やファッションなど、サルサ以外の部分にも惹かれて、ついに会社を辞めて南米遊学へ出発。ビビッドな色やセクシーな装いなど、これまでとは異なるおしゃれを学び、刺激をうけました。

仕事で年間500体ほどコーディネートを作る日々

フリーランスになって5年ほどが経ち、「10年ワンキャリア」の半分が過ぎた頃から、お仕事を頂く雑誌のバリエーションが増えてきました。スタイリングをお願いしたい――というオファーも多かったので、ひたすらコーディネートを組み立て続ける日々。この経験によって、かなり鍛えられました。

人生が定まるのと同じくして、おしゃれの土台が定まった

思いがけず、3人目を妊娠し、38歳で出産。そして、妊娠中に1冊目の本『おしゃれの手抜き』を出版。仕事の幅がうんと広がると同時に、自分自身のおしゃれも土台が定まり、ベージュやグレーを使った大人のカジュアルを、仕事でも毎日のスタイリングでも実践するようになりました。

STEP 2
Think about your favorite

～どうしても捨てられない好きなもの～
自分らしさは、きっとそこにある

過去を振り返ったら、次に考えるのは現在。「今の私」をまっすぐ映すもの。

パンツがワードローブのメインで、格好いいスタイリングが好き。それなのに、どうしても集まってしまう、パステルカラーのキャンディのようなジュエリー……。もしくは、モードを心から愛しているのに、見つけたら絶対に買わずにはいられないコンサバティブなパンプスなど。理屈やルールではなく、どうしてもあなたが偏愛してしまうものたち。実は、これが深く「あなた自身」を表していたりするのです。自分のスタイリングに必要なもの——というよりは、「私自身に不可欠なもの」。だから、それは捨てなくていい。

私の場合は、例えばハートモチーフのネックレス。小さなハートが、鎖骨にちんまりと収まっていると何だか安心するし、自分の女性性をリマインドしてくれる存在。実は、ずいぶん前に洋雑誌で見かけた、私の大好きなモデル、ヘレナ・クリステンセンの写真がきっかけ。こっくりと焼けた素肌に、シルクのキャミソールドレスをまとい、まっすぐにカメラを見つめるヘレナ。

ゴージャスで躍動感のあるボディに、幼い女の子が好むような、小さな小さなハートのネックレスをしていました。彼女の、グラマラスだけれど、きりっと強さを感じさせる存在感がとても好きだったので、そのハートのネックレスは、ある意味「期待を裏切り」、私の印象に深く残り、以来「どうしても好きなもの」になったのです。

こうした確かな理由はわからなくても、これまでも、そしてこれからも好きなものが、実際はあなたらしさを作る、おしゃれのアイデンティティ。でも、だからこそ、自分に引き寄せる工夫は必要です。

ハートが好きだからといって、大きなヘッドの、しかも長めのネックレスを選べば、途端に甘さは許容量を超えてしまう。だから私は、素肌にのる長さのチェーンで、ヘッドが小さくチェーンに直留めされたものを選ぶようにしています。こうして選んだ小さなハートのネックレスは、レザーのジャケットの胸元や、カシミアのニットのデコルテに、私らしさを映してくれるのです。

自分らしいものだからこそ、「私」を間違いなく伝えてくれるものでないといけない――。あなたなりの取り入れ方のルールを、ぜひ見つけてみてください。

例えば、私の場合。
STEP 2
Think about your favorite items
参考にしてみてください!

キャメル色のボストンバッグ

ブランドはそれぞれ違うのですが、
実は、ほぼ同じ色のバッグを4つ持っています。
程よくピンク味を含んだ、深いベージュ。
グレーにも、黒にも、そして白もネイビーだって。
どんな色とも相性がいいし、何より大好きな色だから!
／ティラ マーチ(本人私物)

ラルフ ローレンのダンガリーシャツ

高校生のときに、ファーストシャツを買って以来、
ほぼ2年おきくらいに買い足している、
ラルフ ローレンのダンガリーシャツ。
素朴さと少しワイルドな表情——
2010年に買ったこの一枚は、すべてがパーフェクト!
／ラルフ ローレン(本人私物)

マノロ ブラニクのパンプス

レディシックな表情が魅力の、
「マノロの靴」。
実は、告白すると、脚の形に
合わないんです……。
けれど、ほっそりしたノーズ、
愛らしいストラップ。
どうにも好きで、見たら買わずには
いられないのです。
／マノロ ブラニク(本人私物)

HAPPYカラーのビキニ

10ペアくらい持っているかもしれません。
海辺でのんびり日焼けをするときの
マストアイテム、ビキニ。
私は布の面積が少ないものが好き!
だってそのほうが絶対!
スタイルが良く見えると思うから。

(右)／Retarte、(左)／スウィート イヤーズ
(本人私物)

ハートのネックレス

22ページでも触れましたが、
私の深い部分にある「甘好き」のアンテナが、
ハートのダイヤモンドを見つけたら、
反応せずにはいられません。
忙しくてイライラしそうなときに身につける、
お守りのようなネックレス。

(右)／ベルシオラ、
(左)／スタージュエリー(本人私物)

刺繍入りのカフタン

理由なく好きなカフタン。
前世に何かあるのかな?
なんて思ってみたりして……。
夏中着てヨレヨレになってしまったら、
旅用にして、水着に羽織ります。

(右)／ラッキージーンズ、(左)／velvet(本人私物)

STEP 3
Picture youself

〜あなたが素敵だと思う人は?〜
イメージする女性像を明確に

過去を振り返り、現在を見つめ直したら、次のステップ。「なりたい私」をイメージすること。実在するセレブリティや女優をピックアップするのも手だし、雑誌のスタイリングや、もしくは「ジャケットが誰よりも似合う自分」なんてイメージでもいい。ただし、できるだけ具体的な女性像を「妄想」することが大切です。そして、その目指す女性のどこが「素敵」で「好き」なのか——これをはっきりさせましょう。生き方なのか、映画の中の着こなしなのか、もしくは私服のスナップなのか。ぼんやりと「●●●●さんのようになりたい」では、彼女の何に注目すればいいかが、ぶれてしまうから。

私がいつも挙げる、理想のサンプルはキャサリン・ヘップバーン、ケイト・モス、そしてキャロリン・ベセット=ケネディ。とはいっても、彼女たちの何から何までが好き——なのではなく、参考にしているパートは明快です。

例えばキャサリン・ヘップバーン。映画女優とは思えない、ざっくばらんなスタイリング。メンズの白シャツに、麦わら帽子、チノ素材のパンツにズック靴。とはいえ、これを「まんま」真似したいわけではなく、そばかすが浮く素肌にナチュラルな素材を重ねる気取りのなさや、白やインディゴ、ベージュなどの色合わせが好き。そして何より、彼女の生きざま。自立していて、強くて優しい。生き方の自信に裏打ちされた確かな演技力——プロフェッショナルな仕事ぶりなどに憧れるのです。

そしてケイト・モスは、もちろん彼女の私服のセンス。エスニック、モード、トラッド、ヴィンテージをケイト流にミックスするセンスは、実はプライベートなゴシップには共感できなくても、永遠に大好きだと思います。

キャロリン・ベセットも、やっぱり彼女自身のスタイリング。JFKジュニアとさりげなくリンクした、シンプルなニューヨーク流のドレスアップはいつも参考にして、気付くと、そのセオリーを自分も実践してみたりしています。

それぞれの「良いところ」を、自分というフィルターを通して取り入れ、一つのイメージ像を作っていく。これは、実際にワードローブを考え直す前に必要な作業です。「妄想」なら、いくらふくらませても、経費はタダ。今ではインターネットで検索することも簡単にできるので、楽しみながら一度やってみると、未来のおしゃれのシルエットが、見えてくるはずです。

インスピレーションをもらえるのは、いつもこの3人

当時の女優の中では大柄だったキャサリン。たっぷりしたパンツやコットンのシャツなど、マニッシュな装いが素敵。時にはそばかすが浮く素肌に、真っ赤なルージュを塗って——。自分だけのおしゃれの芯を持っていた人。

Katharine Hepburn

キャサリン・ヘップバーン

“アカデミー賞を4度受賞した、名優。
飾り気のないプライベートのスタイリングや、
華やかな社交界とは距離を置いた、確かな価値観。
「自分らしさ」を貫いた姿に、感動すら覚えます。”

©aflo

Kate Moss
ケイト・モス

“'90年代から、
今も変わらずデザイナーを
インスパイアし続ける、希有なモデル。
私生活でのダメージからも、
'07年見事にカムバック!”

さまざまなブランドから
コラボレーションのオファーがあるほど、
卓抜したセンスを持った、希有なモデル。
ロックフェスのカジュアルから、
パーティのブラックドレスまで——
さまざまなスタイルを楽しんでいる様も魅力的。

Carolyn Bessette
キャロリン・ベセット

“カルバン・クラインのマヌカンから、
ケネディ元大統領の長男と結婚。
ニューヨーカーらしい、
シンプルで女っぷりのいい
スタイルが得意だった。”

透けるような肌に、プラチナブロンド。
すんなりとした長身に、ドラマティックな赤いくちびる。
自分のアピールすべき点を、
はっきり理解したスタイリングが目を惹く。
ジョン・ジョンとのバランスもいつも素敵。

©aflo

STEP 4
Imagine your future

〜5年後の私へ〜
未来を妄想!

そうして仕上げに、5年後の自分がどうなっているか――をクリアにしましょう。

まず、この5年というスパンには意味があります。女性の体は、だいたい8年くらいで大きく変わります。最初の変化は27歳頃。その後35歳を目の前に、もう一度大きく変わり、そしてその後43歳くらいで、きっとまたかたちを変える。でも、その「変化」に気付いた頃に、あわてて次のおしゃれを考えても、少し遅い。「変化」の兆しが現れる5年をめどに、次のおしゃれをほぼ完成させておけば、ある日突然「昨日までの服が似合わなくなった」というパニックも避けられるのです。

この原稿を書いている私は、現在38歳。この本が出る頃には39歳になっています。5年後……。最初に思い浮かぶのは、ずっと憧れ続け、ウィッシュリストの№1にエントリーしている「エルメスのバーキン」を、誰よりも素敵に持っている自分。あのバッグに似合う品格と、あのバッグのパワーに負けない存在感をそなえた女性になりたい。そう、とことんシンプルでさりげなく美しい大人。色合わせや素材選びなども、今までとまた違うベクトルで考えてみよう！　この挑戦は、すでに少しずつ昨年から始まっています。

では、あなたの５年後の映像には、どんなあなたがいますか？実際に誰かのスナップでもいいし、DVDのジャケット写真でもいい。もしくは具体的なアイテムの写真でもいいし、とにかくはっきりとしたイメージ画像を切り取っておくこと。もしくは、ノートに文字で書いてみるのもいい。

こうして、少しずつイメージトレーニングをし、５年後の私に会えることを楽しみに、毎日のおしゃれを進めましょう。きっときっと、〝新しい私〟に会える——と、わくわくしながら！

例えば、私の場合。
STEP 4
Imagine your future
参考にしてみてください！

ジェーン・バーキンのために作られたという
ストーリーはあまりに有名。ラフで自由な
フレンチシックの着こなしが多い彼女にフィットする
そのカジュアル感が魅力。すぐにでも欲しいけれど、
「いつか」がやって来てしまうのも、何だか寂しい。

［Part 2］

独りよがりでは素敵になれないから——

大人には、3つの〝客観的な視線〟が必要

Part 1で、見つめてきた「自分」。過去を振り返り、現在の好きなものを明確にし、未来を想像する。一度、この作業を終えてみると、自分が気づかなかった自分に気づけたのではないでしょうか？　ただし、本番はここからです。

次に必要なのは、「客観的な視線」。とはいえ、一口に客観的——と言っても、そのベクトルは３種類あります。順を追って、一つ一つ解説しましょう。

まずは、他人から自分に向かう視線。例えてみます。自分を100％表現する——と自信をもっているスタイリング。甘い装いが好きだから……と、フリルやリボン満載の服を着ることや、リラックスしたカジュアルが私らしい……と、どんな場面にもＴシャツと穴のあいたジーンズで出かけていく女性。その女性の「らしさ」は決して誰にも否定できないものですが、やっぱりそれでは、おしゃれとは言えない。そのコーディネートを着ていくシーンを考えなくては！　ダークスーツの男性が多い場

所なのか？　もしくは、ドレスアップした人が集うホテルのダイニングなのか？　その場所と、そこにいる人に美しくなじむ――実はとても大切なことなのです。

そしてもう一つ。他人は他人でも、夫でも、恋人でも、時に片思いの人でも――「好きな男性の目」も、おしゃれを進化させるのに必要な客観性。それは、万人の目ではなく、スペシャルな人の視線。「こんな男性が横にいてくれたらいいな」と思い浮かべてみましょう。そしてその男性のファッションも。意外に、そこに自分の本質が表れたりするものです。

最後に。自分で自分を冷静に見つめる目。具体的に言うと、自分にしかない宝物である「私の身体」を、フラットな目線で観察すること。否定したり、嘆いたりするために――ではなく、自分の身体がどういうシルエットなのか、どこを生かしたほうが良くて、どこをさりげなくカバーしたらいいのか――これを理解するために。これがわかれば、ボディという中身を包む包装紙＝洋服の素材、色、フォルム、組み合わせがはじめてみえてくるのです。

自分が着たい服を着続ける。それだけでは、おしゃれは止まってしまう。そして何より怖いのが、自己満足――というスパイラルに陥ってしまうこと。そこで、この３つの客観的な視線を意識し、事実を確認する……。それができたら、あなたのおしゃれは、ぐんと進化するはずです。

STEP 5
For whom?
For what?

～誰のために、何のために装うのか～
いつだって、それを忘れずに

好きなものを好きなときに着て、時に「モテ」を意識したりして。20代のおしゃれはこれでよくても、大人になってまでそれでいいのでしょうか？　生活のシーンは多様化し、そしてそこで求められる「あなた」も「あなたのおしゃれ」もレベルアップしている。それなのに、「ただ、私が着たい服を着てきました」では、許されないと思うのです。

私にも、こんな経験があります。『ヴァンテーヌ』編集部にいたとき、当時の編集長にある日声をかけられました。「今日は、遠足に行くの？」「？？？」一瞬、その言葉の意味がわからなかった私。ポロシャツにチノパンツ。足元はアディダスのスニーカーでした。色も合わせ、自分なりにおしゃれをしたつもり。しかもその日はロケで、撮影しなくてはいけないカットはたくさんあり etc.……。当時の編集部は、自分たちでモデルへの着せ付けもすべてしなくてはならなかったので、動きやすさを重視した服装だったのです。けれど、編集長のその言葉に、私はひどく恥ずかしくなり、一度家に帰って着替えたくなったのを覚えています。仕事先のスタッフ、ロケで行った海沿いのエレガントなホテル、そして編集部という場所。そこで働く人たちの他人の視線をすっかり置き去りにし、自分の都合だけを考えた服装をしていたことに気づいたのです。そして、彼らへの敬意(リスペクト)を忘れていたことにも——。この「事件」は、今でも私を赤面させ、もう二度とそんな思いはすまい——と今も自分への戒めになっています。

時に、「これを着たい」という自分の欲求を抑えてでも、その日会う人や、訪れる場所が「私に求めるスタイリング」を考えてみる。大切な商談の場でも、子供たちと行く公園であっても。少し想像してみてください。その日の予定を。会う人と行く場所を。そこに立つ自分の映像を、フォトグラファーのように切り取ってみてください。一つの絵としてなじんでいますか？　それとも均衡をくずしてしまっている？　——ちょっと冷静に考えれば、すぐに答えはでてくるはず。

これを毎日、少しでも心掛けていれば、それはすなわち訓練となり、日々、少しずつ訓練を続けていれば、それは「確かな客観性をもった」あなただけのおしゃれに育つのです。

例えば、私の場合。
STEP 5
For whom? For what?
参考にしてみてください!

Working Style

**きちんとした印象を叶えてくれるのは、
やっぱり正統派のシャツやジャケット。**

ネイビーのジャケットに、ストライプの
シャツというベーシックな装い。
胸元の肌と、手首を出すことで女らしく。

シンプルなグレーのパンツに、
ダンガリーシャツを合わせて。
遊び心で、エスニック柄の
ニットベストを。

Shopping

**オフの日、買い物に行くときは、
着心地のよさとリラックス感を重視。**

グレージュのポンチョニットに、
デニムを合わせ、グレーのニット帽で
どこまでも心地よさを追求。

Lunch with my friend

**ランチのときは、上半身が勝負。
エレガントなトップスで。**

ヘルシーなカフタンシャツも、
部分使いのレースで華やかさが加わり、
昼間のレストランにはちょうどいい。

夜のバーで待ち合わせ。暗い店内でも、
日焼けした肌に真っ白のチュニックが
映えるから、こんなスタイルで。

at Bar with my friend

**お店の雰囲気や、一緒に行く相手の装いを
想像したうえで、自分が輝く服を選びたい。**

Dress up with my partner

**彼と並んだときにフィットしているか?
それが一番、重視するポイント。**

彼が、シャツにデニムというスタイルだから、
私も、カジュアルなドレスアップを。
でもジャケットを脱げばペアドレスに変身!

家族で結婚式の二次会へ。
こんなときは、ファミリーとしての
一体感もさりげなく意識したい。

Ceremony with my family

**招いてくれた人、そしてお店への
マナーとしてのドレスアップ。**

Vacation with my family

**みんながリラックスできることが
何よりも大切!**

家族で両親の別荘へ。
こんなときは、思いきって
それぞれが好きなものを着て!

Photo by MITSUO(1,4,5) ／ Masafumi Tanida(CaNN・2,3,6,7,8)

STEP 6 Picture your partner

～ただ一人の男性の視点～
これがないと、
おしゃれは揺れ続ける

突然ですが、パートナーの服装を思い浮かべてみてください。もしまだいないなら、「こんな人がそばにいてくれたらな」という架空の男性を。スーツをびしっと着こなす彼がいいのか、リネンのシャツをセクシーに着こなす彼がいいのか――。

なぜこんな質問をしたか。それは、このイメージがゆらゆらしていては、一見無関係の「あなたのファッション」も迷走し続けることになるからです。

実際、私もそうでした。今の夫に出会う前。保守的で感じのよいファッションも捨てられないし、かといって、ラテンの女性みたいに迫力のあるおしゃれも諦められない。そうなると、方向性の違う２つのスタイリングに必要な、靴もバッグも服も――。もちろん、そんなワードローブを完璧に揃えることなどできないわけで。結果、毎日の着こなしは中途半端なものになり、私自身の印象もとてもぼんやりとしたものになってしまっていました。

今は、毎日の装いでアピールするポイントははっきりとしていて、かつその相手も明確です。100人の男性に好かれる必要は全くないし、男性なら夫、ただ一人に素敵だと思ってもらえればいい。結果、可憐な台形スカートはクローゼットから姿を消し、ショート丈の保守的なジャケットを手にすることもなくなりました。今では、服選びもほとんど迷わず、とても楽。

大切な人に映る自分のおしゃれを想像することは、実は確かで自信に満ちたおしゃれを探す早道なのです。

ベージュや白のシャツを好み、
素材は、リネンやレザーなど、
ナチュラルなものが多い。
私の好みの男性(夫ですが。笑)
は、こんな装い。
私自身の理想とする着こなしも、
透けて見えます。

My dearest, Charlie

例えば、私の場合。
STEP 6
Picture your partner
参考にしてみてください!

レザーコードのネックレス
実は、これは私がブラジルで自分自身のお土産に買ったもの。かたどってあるのも、私の星座の乙女座のマークだし。けれど、夫のシャツの胸元に似合うので、貸してます(笑)。

ストール
エスニックな風情があるストール。この無国籍感は、私のスタイルの特徴の一つ。ただし、ややもすると、個性が強すぎて、やっぱりスーツ姿の男性とはバランスが悪い。

ジレ
麻のジレ。私自身もリネンが大好き。色やデザインを合わせなくても、素材に統一感があると、一緒に並んだときに心地よいリズムが生まれる。

シャツ
Tシャツよりも、シャツが多い夫のワードローブ。デニムやリネンのパンツに合わせることが多いから、カジュアルなディテールがあるものを選んでいるようです。

再婚するまでのファッションは、
やはり揺れていました。
〝私〟の印象が毎日違い、
そして薄い……。
一つに決めると、
気持ちもお財布も楽になります!

STEP 7
Check your body

～自分だけの宝物だから～
「私の身体」を見つめ直す

一昨年からやっているブログのコメントで、こんな質問をよく頂きます。「ストールを巻きたいのですが、首が太いので、似合うかどうか心配です」「太ももが張っていて、なかなかスリムラインのパンツに挑戦できません」……。

そう、わかる！　私も膝は大きいし、ふくらはぎはたくましい……。まだまだありますよ。肩幅は狭く、二の腕はぽっちゃりしている。手足も小さいし——けれどいつしか気づきました。これは、それぞれのパーツ。部分でしかないことに。

おしゃれでまず大切なのは、小さな視点ではなく、引いて見た広い視点。メイク直しの際に、鏡を見る至近距離の目ではなく、頭の先からつま先までをチェックする目なのです。

まずは、全身を映す鏡の前に、1.5メートルほど離れて立ってみてください。大きな膝や、張った太もも——確認するのは、気になるパーツではなく、あなたのボディの輪郭です。シルエットと言ってもいい。まずはどんなアウトラインを描いているのかを見極めましょう。あくまでもデータとして、日本人女性の平均値のデータ（右ページ）をチェックするのも手です。自分がどんなアウトラインになっているのかを、客観的に確認できると思います。何度も言っていますが、自分の身体は自分だけの個性。データにあてはまらない、鏡に映る「私の輪郭」を、

否定したり、もしくは嘆いたりしないでくださいね。

そうして自分のアウトラインをチェックした後に、やらなくてはいけないことが——。それは、今まで、長年自分の中で培ってきた無用な思い込みを捨ててしまうこと。冷静に自分を見つめる客観的な目や、もしくはデータという事実の前には、その小さくて硬い考えは意味を持たないから。「私は脚が太いから、スカートの丈は● cm しか似合わない」や、「ヒップが大きいから、デニムは美脚ラインだけ」のようなものを一切合財。

一度思い込みを捨てて、フラットな視線で自分の身体を見てみたら、小さい頃から嫌いだったヒップのボリュームがチャームポイントになっていたり……。そんな嬉しい気づきがあるかもしれません。

[1970年代生まれの日本女性の平均サイズ]—ワコール人間科学研究所調べ(*すべて周径値です)

バスト	81.3cm	腹部	76.7cm	ふくらはぎ	33.2cm
アンダーバスト	70.4cm	ヒップ	87.6cm	足首	20.0cm
ウエスト	64.1cm	太もものつけね	51.4cm	腕のつけね	25.7cm

1964年の設立以来、日本女性のボディを科学的にリサーチしているワコール人間科学研究所による調査。10年前と比べ、四肢は細く、ウエストのくびれは大きくなっている。

Chapter II

私らしさを見つけたら

私の宝物=身体を
もっとも美しく見せる方法

Chapter Iを終えたあなたへ——。
おしゃれの骨組みはもうできました。
あとは、家でいうと窓のデザインや、
扉の大きさの話。
そう、おしゃれを完成させる、
体型別のコーディネートを考えましょう。

私らしさを見つけた人へ――。
具体的なコーディネート理論46

前章の６つのステップを１つずつ上ってみると――自分らしいおしゃれの方向性が、はっきりと見えてきたはずです。

そして、次。おしゃれの大きな骨格はできたから、細かく、しかも具体的な肉付け、コーディネートの作り方です。とはいえ、雑誌の特集で見るような、イメージ重視の漠とした話ではありません。読んですぐ、今日からでも実践できるコーディネートのコツをお伝えしたいと思います。

先のページでも触れましたが、ブログに頂くコメントを見ていると、いつも皆さんが最も気にしていて、そして最も心を砕いているのは、体型のこと。そう、あなたの身体をいかに美しく見せるかは、とても重要なのです。

私自身、好きなおしゃれ、目指したいスタイルがはっきりと決まった後も、どうしたら自分だけの宝物（＝身体）を最高に魅力的に見せられるか――については、試行錯誤してきました。もちろん、今も。自分に関しては、まだ最終的なゴールを見つけられてはいないけれど、それも当然のこと。刻一刻と変化する〝私〟を追いかけていく。そのプロセスが大切だと思うのです。

とはいえ、このチャプターでは、私がスタイリストとして、数えきれないほどのコーディネートを作り、一言でモデルと言っても、さまざまな体型の人に「着せ付けてきた」体験を基に、あなたの身体に即したコーディネートのポイントをお伝えします。

大きく、3つのステップに分けました。まず最初は、ボディバランス。全身を美しいバランスで整えることが、なによりもまず、重要なのです。そのうえで、体格別——ぽっちゃりしているのか、もしくはきゃしゃなのか——という横軸と、身長——という縦軸を組み合わせて考えましょう。実際に、2つのベーシックアイテム、パンツとワンピースを使って、コーディネートの作り方を解説しました。最後に、パーツの話。——ブログの質問にも多い、身体のパーツの悩みですが、一番最後に考えれば十分。ここについては、かなり具体的にアイテムの選び方、コーディネートのポイントを説明しました。好きなところから読んでいただくといいと思います。雑誌の星占いを見るように、自分がどこにあてはまるかを考えながらページをめくってください。この3ステップで、あなたの装いは、断然美しく見えるに違いありません。

「私の輪郭」を最大限美しくいかす。そのための、服選び

おしゃれな人。それは、結論から言うと「バランス感覚の優れている人」——私はこう思います。モードとベーシック、甘さと辛さなど、おしゃれの成否はバランスにとても左右される。なかでも特に重要なのが、ボディバランス。これを最も美しく見せる工夫を積み重ねることで、おしゃれの成功率は高くなります。そこで、ここでは、ボディバランスに大きな影響を及ぼす、あなた自身のアウトライン（輪郭）を、３タイプに分けて考えましょう。

まずは、上半身がきゃしゃで、下半身はそれに比べるとしっかりしている「三角形」。逆に上半身にボリュームがあり、下半身は細い「逆三角形」。あとは、上半身、下半身のボリューム感が同じ、「〝Ｉ〟型」。自分がどのシルエットに属するのかを、ぜひチェックしてみてください。そして、自分の輪郭を否定せず、美しくいかしてあげるテクニックを考えましょう。

三角形タイプなら、タイトなトップスに、ボリュームのあるボトムス。逆三角形タイプは、ゆったりとしたトップスと、細身のボトムス。〝Ｉ〟型タイプなら、上下が同じくらいのボリ

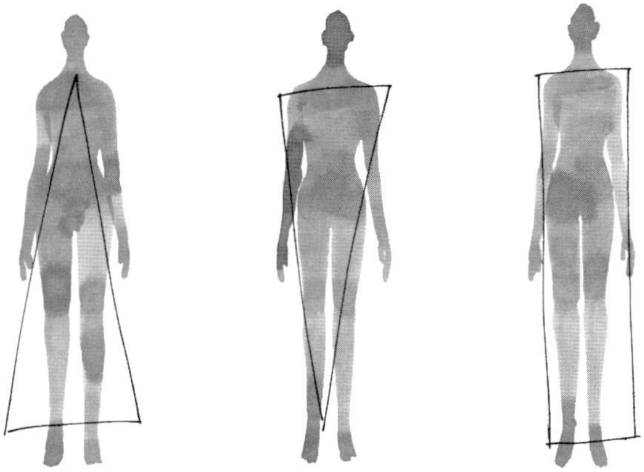

三角形さん　逆三角形さん　〝I〟型さん

ューム感のものを選ぶといいでしょう。

　ちなみに私は、上半身がきゃしゃで、それに比べると下半身にボリューム感がある「三角形」。タイトなトップスにタイトなボトムスのような〝Ｉ〟のラインは、バランスが悪く見えてしまいます。対してコンパクトなニットに、ギャザーのたっぷり入ったロングスカート——こんな組み合わせは、これまで長い間大好きだし、きっとこれからも定番でしょう。

　もちろん、「三角形」の私が、「逆三角形」や「〝Ｉ〟型」のシルエットに挑戦することも可能。例えば「逆三角形」なら、たっぷりとボリュームのあるロングシャツに（太ももやヒップラインをカバーすることが大切）、スリムラインのジーンズを合わせ、ウエストはベルトでマーク。「〝Ｉ〟型」なら、シンプルなテーラードスーツに、ワイドパンツ……のように。ケイト・モスのような、上下共にタイトフィットなスタイリングは無理でも、こんな組み合わせなら私にも可能。

　避けたほうがいい組み合わせ、正しい組み合わせ。自分のアウトラインを踏まえたうえで、いろいろなトライをして、失敗をすることで、きっと見えてくるはずです。

今までのスタイリングを例に、シルエットを解説！

〝モデル〟と一口に言っても、
似合うシルエットは、それぞれもちろん違います。
私が実際にスタイリングしたGraziaのページをピックアップ。
似合うシルエットの見つけ方を、写真を例に考えましょう。

かなりタイトなカットソーは、ゆうきさんの細い首や肩、腕があってこそ似合うアイテム。ふんわり広がるスカートと合わせて。

Photo by Tamami Abe

Photo by Masafumi Tanida(CaNN)

釣り鐘形のゴージャスなファーのケープは、身体の柔らかなラインは残しつつ、シルエットを補整してくれる。細身のパンツで逆三角形の輪郭に整えて。

シルクのブラウスの袖のライン、そして首元にプラスしたファーで、更に上半身にボリュームを出したから、脚はとことん細く強調。

Photo by Masafumi Tanida(CaNN)

上半身がボリューミィな 逆三角形さん

バストもしっかりあって、女性らしい体型の熊沢千絵さん。あの艶っぽい雰囲気は、美しい黒髪や、エキゾチックな顔立ち以上にボディラインからくるもの。トップスはソフトな素材のゆったりしたもので、ボトムスはスリムライン——これがゴールデンバランス。

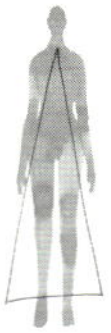

下半身でしっかり支える 三角形さん

たおやかな印象のゆうきさん。すんなりと伸びた首や腕。このきゃしゃなパーツに比べて、ヒップはきちんとある——という、本当に服が似合う体型。トップスはタイトに、ボトムスにボリュームをもたせるのが正解。写真にはないパンツの場合も、考え方は同じです。

Photo by Yumiko Mogami

コートの着方も、三角形のシルエットにするときれいに決まる。上のボタンを留めてベルトをし、ベルトより下はボタンを開けて。

縦に長い "I"型さん

長い手脚と小さな顔。未希さんのシルエットは、上半身と下半身のボリューム感が同じ"I"型。この美しさをいかすのは、やはり縦長に作ったスタイリング。輪郭にアクセントがないぶん、バッグや靴に重さをもたせて、ポイントを作ることが大切です。

ジャージーのとろりと落ちる素材だから、シンプルな縦のラインが作れます。黒の細いベルトで、シルエットをさらに「締めて」。

Photo by Tamami Abe

Photo by Toshi Hirakawa(D-CORD)

コットンのシャツにストレートラインのパンツは、どこから見ても"I"ライン。ロングネックレスで、さらにそのラインを強調しています。

ボリューム＆身長別
6タイプの着こなし具体例

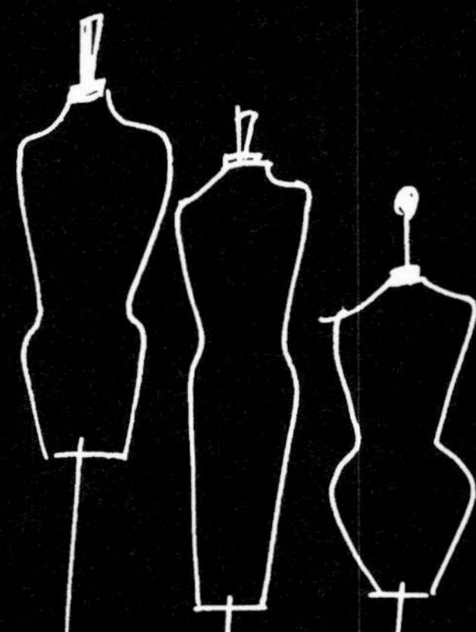

一般的に日本の服は、サイズ展開があるにしても、基本は158〜162cmくらいの人をイメージしてデザインされていることが多いようです。だから、買い物に行くと、それこそ百貨店の特別なフロアにでも行かない限り、パンツのサイズは選べても丈が選べなかったり。ワンピースも同じで、オーダーメイドでもしない限り、「自分の身体にぴたりと合う一着」はなかなか手に入れられないものです。でも、自分にベストの着方、コーディネートを見つければ、たくさんの人をターゲットに作られた服だって、「自分だけの一着」になる——。私はそう思います。

そこで、まずは身体のボリューム別——ぽっちゃりしているのか、きゃしゃなのか——ということに絞って、おすすめのパンツとワンピースを一つずつ選びました。さらにその同じパンツ、同じワンピースで、身長別——平均より低いのか、もしくは平均くらいなのか、はたまた平均より高いのかを踏まえ、全身のスタイリングをしました。

それぞれのページでは、ボリューム別のベストな一枚の選び方から、身長も含めた体型別の細かなコーディネートの方法まで、実況中継のように解説しています。コーディネートするアイテムの選び方から、ベストなアクセサリー、靴はどうしたらいい？ そして、袖はまくる？　裾は折る？　——などの着方まで。ぜひ、ご自分にあてはまるページを最初にご覧ください。もちろん、手持ちの服にいかせるアイデアもたっぷりあります。ここでご紹介するアイテムをそのまま揃えるのではなく、具体的な考え方を取り入れてみましょう。

［PART 1］

シンプルなパンツの場合

パンツは着こなしの土台。
体格によって、ベストの選び方・着方を探して

パンツは、スタイリングを支える土台。ぽっちゃりしているからパンツが似合わなくて、きゃしゃだから似合う——では決してなく、全身のバランス、素材、ディテールなどを吟味すれば、どんな体格の人でも、ぴったりの一本が見つかるはずです。

ここでは「黒のパンツ」を共通項に、ぽっちゃりしている人と、きゃしゃな人——。２タイプをチョイスしました。

前者にピックアップしたのは、ウエスト下にタックが入り、「繭《まゆ》形」のラインを描く一本。センタープレスがあり、落ち感のあるウール素材。ストレッチも効いています。これによってヒップや太もものボリュームが上手にカバーされ、さらにパンツ上部に置かれたポイントが、脚の下部、ふくらはぎや足首をほっそりと見せてくれるのです。

後者には、センタープレスが入った、ストレートスリムのパンツを。薄手のウールを使っていて、ストレッチが適度に効いたタイプです。脚のラインの「あたり」がかなりでるタイプなため、ぽっちゃりさんがはくと、シルエットがパツパツになってしまい、美しいラインがでない可能性が……。

P54からは、この２本を使って、さらに背の高さ別に、おすすめのコーディネートを紹介します。

『Grazia』で
私が担当した
ページをご紹介

2010年
9月号

2010年
12月号

2008年
12月号

2010年
1月号

デイリーな装いは、
"絶対パンツ派"の私。
お仕事のスタイリングでも、
やっぱりパンツスタイルが
多くなります。
特にデニムは大好き!

Pants
おすすめのパンツ
2タイプ

ぽっちゃりした人向き タック入りパンツ

ツータック入りなので、
太ももやお尻をカバーしつつ、
裾に向かって細くなるシルエットが
下半身をすっきりと見せてくれる。

パンツ¥35700／ル ヴェルソーノアール
(ラ・フォンタナ・マジョーレ)

きゃしゃな人向き ストレートスリム

ほっそりとした脚に、
美しくフィットするスリムパンツ。
センタープレス入りなので、
縦のラインを強調してくれる。

パンツ¥35700／ル ヴェルソーノアール
(ラ・フォンタナ・マジョーレ)

ぽっちゃり
~155cm以下~

まずは、ぽっちゃりした、そして身長が155cm以下の人の場合。ここからの３体は、身長にかかわらず、同じタック入りのクロップトパンツを着まわしているのですが、このタイプの人は、まず、裾をひと折りしてみましょう。半端な丈のクロップトとは言っても、身長によってお直しは絶対に必要。理想の丈は、足首が見える――、厳密に言うと、くるぶしは当然見えて、ふくらはぎのふくらみが始まる直前くらいまでのレングス。この部分が見えることで、パンツスタイルはかなりすっきりします。だからこそ、ふくらはぎの筋肉をきゅっと持ち上げ、脚の細い部分を長く見せてくれるヒールの高い靴をチョイス。すべて肌を覆ってしまうパンプスタイプでは「重たすぎる」から、トウが見えるサンダルにしました。

次はトップス選び。ここで合わせたのはニットです。U開きのハイゲージで、身体に張り付かない、やや余裕のあるシルエットを選びました。深いUのラインで縁取られたデコルテが、まろやかなボディラインをシャープに見せ、身体が少し泳ぐくらいのシルエットが、ボディラインに錯覚を起こしてくれます。

そう、このコーディネートで最もこだわったのは、素肌が見え、身体が泳ぐことで生まれる「ヌケ感」。小柄でぽっちゃりしたタイプの人には、この感覚が絶対に必要。リブ編みのタートルネックニットとフルレングスのパンツにパンプスではなぜいけないのか――ということがおわかりいただけたと思います。

デコルテと足首は出す。
これは－２kgと同じ効果

パンツの裾は、身長に合わせてひと折りして。
もちろん、ショップでは
あなたにベストな丈にお直し可能。
丈感にこだわることが、まずは大切。
そうして適切に露出した足首に合わせ、
ニットの袖もゆるやかにたくし上げて。
繊細なネックレスが、
胸元をきゃしゃに見せてくれます。

パンツ¥35700／ル ヴェルソーノアール
（ラ・フォンタナ・マジョーレ）
ネックレス¥105000／MIZUKI
トップス／ロンハーマン、
靴（ヒール9.5cm）／チェンバー（本人私物）

ぽっちゃり
~160cm前後~

このタイプの人に当てはまるパンツスタイルを組み立てていて、改めて気づきました。そうだ！　私がずっと言いたかったのは、ぽっちゃりして身体の厚みがあるタイプの人こそ、パーフェクトなサイズのパンツと、ラインの響かないショーツを選べば、驚くほど格好いいパンツスタイルが手に入る、ということ。だからこそ、ヒップをトップスで全部隠してしまうようなことは避けましょう。パンツを着こなすカギは、しっかりと存在感のあるヒップなのだから。

さて、ぽっちゃりしていて背は160cmくらいの人。まず、パンツの丈は、小柄な人と考え方は同じ。適切な丈で着こなすことが大切です。この身長の人は、裾を折らずに着こなせます。そのうえで、トップスにはレザーブルゾンというオーラのあるアイテムを。美点である迫力と存在感をアピールし、引きの視点で見たときに、上半身に視線を集めてくれます。さらに、レザーという素材は、丸みのあるボディラインに美しくフィットし、身体の凹凸を魅力的に見せてくれる。インナーには、やはりタートルネックニットではなく、首元が見えるタイプで、ヌケ感を添えましょう。

仕上げは靴。レザーのジャケットのような重ためのトップスを支えてくれるのは、メンズライクなもの。きゃしゃなフラットシューズでは、美しい全身バランスは難しいから、適度にヒールが高いことも、重要な条件の一つです。

迫力ある素材でつくる、
グラマラスなパンツスタイル

レザーのライダースジャケットは、
美しい上半身を演出してくれる
一方で、ややハードな印象も。
そこで、ライトグレーの
パールネックレスを首元にさし、
足元にも同系色のパンプスを
合わせることで、
柔らかさを加えました。

パンツ(P55と同じ)
ライダースジャケット¥94500
／ル ヴェルソーブルー、
インナーにしたTシャツ¥13650
／ル ヴェルソーノアール
(ラ・フォンタナ・マジョーレ)
靴(ヒール4cm)¥42000
／ペリーコ(ウィム ガゼット青山店)
パールネックレス／本人私物

ぽっちゃり
~165cm以上~

背が高くて、身体にボリュームのある人にこそ似合うのが、シルクやレーヨンなどのとろみのある素材でつくる、エレガントな装い。立っているだけで生まれるゴージャスな存在感は、硬さのある服で消してしまわないほうがいいのです。着ると、流れるようなラインを描く素材は、身体のラインをなだらかにし、凹凸を自然に消して美しく見せてくれるので、このタイプの人にはぴったりです。

そんなシルク素材をトップスに採用。ボトムスは、他のタイプと同じウールですが、このトップスだけで優しく女性らしい印象が手に入ります。裾は詰めずに、そのまま。長袖でたっぷりとしたシルエットのトップスだから、足元は足首、くるぶしの骨っぽさをはっきりと出して、軽さも忘れずに。

こうして出来上がった服のコーディネート。靴は、全身の土台となるものだから、ボリュームのあるハイヒールを。せっかく見せた足元のヌケ感が壊れないように、素肌になじむ淡いグレーを選びました。ブログにも多く寄せられる質問――「もし、写真のような靴とパンツにストッキングを合わせるなら？」おすすめは、素肌に影を差すくらいの極薄のチャコールグレー。LANVIN COLLECTIONの色番617、アルベールです。

そして、最後にプラスしたのはネックレス。しなやかな素材のトップスで女性らしさは十分だから、小さく開けたデコルテの肌に、ナチュラルになじむものを。

柔らかな素材で身体を包む。これがいちばん大切

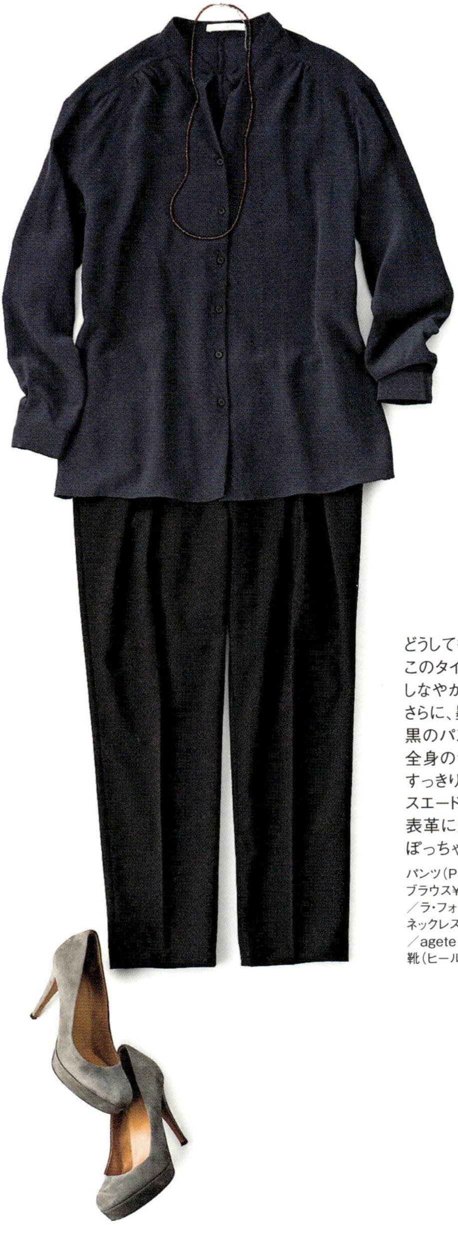

どうしても“大柄な人”に見えてしまう
このタイプの人は、
しなやかな素材を選ぶことが大切。
さらに、墨色のトップスと
黒のパンツというワントーンで
全身の色をつなげることで、
すっきりした印象も手にはいります。
スエードのパンプスは、
表革に比べ、重さがあるので、
ぽっちゃりタイプの人におすすめです。

パンツ(P55と同じ)
ブラウス¥42000
／ラ・フォンタナ・マジョーレ
ネックレス¥22050
／agete FOR M(アガット)
靴(ヒール9.5cm)／GUCCI(本人私物)

きゃしゃ
~155cm以下~

さて、ここからはきゃしゃな人に向けてです。ぽっちゃりさんに似合う一本として紹介したパンツと、印象はそれほど変わらないけれど、大きく違う点が、タックがないシンプルなスリムストレートであるということ。素材も、ぽっちゃりさんのものに比べると少し薄手。ただし、丈は同じくクロップトです。

まずは、きゃしゃで小柄な人。コンパクトなシルエットのトップスで、上半身を小さく。ラグランスリーブのニットは、きゃしゃな人にこそ似合います。では、合わせるネックレスは？
そう、ここがポイント。小柄できゃしゃな人の場合は、視線を集めるビッグサイズのネックレスでは、バランスを取るのが難しいのです。だから、代わりにしなやかな素材のスカーフを小さく巻いて。これで、視線が顔まわりに集中し、「縦のライン」が強調されます。たとえるなら、その人の身体は、その人のおしゃれのキャンバスのようなもの。小さなキャンバスに大きなポイントを描けば、そこばかり悪目立ちすることになる――。だから、すべてのアイテムの大きさ、ボリューム感に、とにかく敏感になりましょう。

そしてパンツの裾はひと折りして、ほっそりとした足首をアピール。きゃしゃな人はたいてい、ふくらはぎまでの「筋っぽい部分」が長いから、ヒールのないバレエシューズでもバランスよく映ります。

ボーイッシュなトラッドは、
誰よりも似合う

目線を上へと集めるのに、
プリントのスカーフは最適。
ライトグレー×黒という
シンプルな色合わせの中に、
シックなカラーのトラッド柄が、
程よい存在感を発揮します。
スカーフは、ラフにくるくるっと巻いて。
パンツの裾は、小柄な人向けに、
やはりひと折りしています。

パンツ¥35700／ル ヴェルソーノアール
（ラ・フォンタナ・マジョーレ）
靴（ヒール1cm）¥18900
／コルソ ローマ ノーベ
（ウィム ガゼット青山店）
トップス／ドゥロワー、
スカーフ／GUCCI（本人私物）

きゃしゃ
~160cm前後~

ベルトでウエストマークするのは難しい——最近雑誌のスタイリングをしていて感じること。トップスとボトムスを完全に、身体の中央で分断してしまうベルトは、気をつけないと、全身のバランスをくずしてしまうこともあるのです。ただし、この体格の人には、とても有効。ややもすると、メリハリのない、シンプルすぎるラインになってしまうところを、きちんとウエストマークすることで、目線が留まるポイントをつくってくれるのです。

しかも、トップスをINにしたスタイリングは、ウエストからヒップにかけてのシルエットを「完全に見せる」ことになるので、きゃしゃでさっぱりしたボディラインの人のほうが自然にキマるのです。

ここで気をつけたいのが、ベルトの太さ。幅広のベルトでは、'80年代風になってしまうから、細めでオーソドックスなデザインを。このタイプなら、少し丈の長いトップスにオーバーに着けることもできるので便利です。

靴は、ベルトと「共通項」がある一足を選びましょう。もちろん色でもいいし、雰囲気でも。バックルと靴のスタッズが同じ色——なんていうのでもいい。そして、ウエストマークをして、ポイントをせっかく上にもってきたのだから、ヒールの高い靴で、そのバランスをさらに際立たせて。

ウエストマークで、
シンプルな組み合わせにポイントを

白シャツに黒のパンツという
超ベーシックなスタイリングを
おしゃれに見せるのが、ベルト使い。
バックルで留めた先を、
わざとベルトの上から下に通して、
ラフに垂らすのがポイントです。
靴は、ベルトと同系色のブラウンを。
シャツの袖はラフにたくし上げ、
胸元のボタンは2〜3個あけましょう。

パンツ（P61と同じ）
コットン100%のシャツ¥30450
／ル ヴェルソーノアール、
ベルト¥17850
（ラ・フォンタナ・マジョーレ）
靴（ヒール9cm）
／プラダ（本人私物）

きやしや ~165cm以上~

きゃしゃで背の高い人がクロップト丈をはくと、ベストな丈にならず、中途半端な丈になってしまったり、足首からの筋っぽさがことさら強調されて、意図しないこの部分に視線が集まってしまうことが……。だから、ハーフブーツに裾をブーツインして、まずは下半身に重量感をつくります。このベースがあってこそ、身体の細さをいかしながら、全身に強い存在感を感じさせることができるのです。

土台が完成したら、次は上半身。ここにタイトなトップスを選んでしまったら、身体の薄さをアピールすることになり、せっかく重たさをもたせたボトムスと釣り合いません。そこで、ミドルゲージのニットなど、厚手の素材で上半身を包んで。これで、上半身と下半身のバランスが整います。

そして仕上げは、上半身に置くポイント。ピアスや短めのネックレスでは、視線が上にいき、せっかくの「細くて長い脚」が間延びしてしまうことに。顔まわりにアクセントを置くと、「そこから下」が無用に長くなってしまうのです。だから、90cmくらいの長めのネックレスをプラス。高いヒールの靴をはいたスタイリングでも、適切な位置に「アイキャッチ」を置くことで、全身のバランスがほどよく整えられるのです。

重たく「つくった」下半身が、実は美しいバランスをうむ

ひょろっと細長くて、
〝印象の薄い人〟にならないように、
ある程度のボリューム感を
つくりあげることが、
このスタイリングのポイント。
そこで、パンツと同じ黒のブーツで
土台となる足元を安定させ、
上半身にも厚手のニットを。
ロングネックレスも、
あえて黒を選んで、迫力を演出。

パンツ（P61と同じ）
ニット¥27300／ル ヴェルソーノアール
（ラ・フォンタナ・マジョーレ）
ネックレス¥315000
／agete CLASSIC（アガット）
靴（ヒール10cm）／マルニ（本人私物）

［PART 2］

ニット素材のワンピースの場合

ワンピースを体格別に選ぶ基準。実は、素材が最も大切

スタイリングが難しい——いや、逆に簡単!?　着こなしのバリエーションが少ないと思われがちなワンピースですが、チュニックタイプで、しかも素材がニットやコットンのものならば、応用範囲は驚くほど広いのです。

パンツ同様、ぽっちゃりさんと、きゃしゃな人。この２タイプに分けて、２枚のワンピースをクローズアップ。同じワンピースを、さらに、背の高さ別にコーディネートして、気をつけるべきポイントを考えます。

ぽっちゃりさんには、しなやかなハイゲージで、衿元のアレンジが自在にできる、ニットワンピースをチョイス。太って見える心配のあるニットも、この素材感のものを選べば、布《ふ》帛《はく》のような感覚で着こなせます。

きゃしゃな人は、表面に凹凸のあるニットワンピースを。しかも太さの違う糸をやや粗く編んでいるので、ボリューム感もあります。身体全体がほっそりとしていて薄いきゃしゃな人だからこそ、魅力的に映る一枚です。

P68からは、この２着の着こなし方を、実際に、体格別に展開します！

『Grazia』で
私が担当した
ページをご紹介

2009年
11月号

2011年
3月号

2011年
6月号

2011年
8月号

女性らしい身体の美しさを
際立たせるのに、
一番有効なのがワンピース。
一枚で着てもさまになるけど、
レイヤードすることで
印象を変えられるのも、
また魅力。

One-piece
おすすめのワンピース
2タイプ

ぽっちゃりした人向き
薄手のニットワンピース

カシミアのハイゲージニットは、
極上の肌触り。オフタートルにも、
オフショルダーにもでき、
さらに上下逆でも着られる便利な一枚。

ワンピース¥93450
／クルチアーニ（ストラスブルゴ）

きゃしゃな人向き
ざっくりニットワンピース

アンゴラやモヘアなど、
異なる糸をざっくり編んだ
編み地から、やや肌が透けるさまが
艶っぽさを高める一枚。

ワンピース¥105000／
ジャンバティスタ ヴァリ（ストラスブルゴ）

ぽっちゃり
～155cm以下～

全体のシルエットがコクーン形（繭《まゆ》形）で、身体の凹凸にさりげなくフィットするけれど、きちんと「余裕」をつくってくれる——。こんなワンピースは、実は一枚で着てもとってもきれい。ウエストまわりが気になる……、ヒップが大きくて……、そんな悩みをもつ人にこそ着てほしい。

ぽっちゃりしていて小柄——だからこそ、衿を肩幅までぐっと広げて、首筋から肩のラインを強調しましょう。アメリカのとある女性デザイナーも言っていますが、首筋というのは、あまり贅肉がつかないパーツ。効果的に見せれば、全身がすっきり見えるし、かつ視線が上に集まります。しかも、このワンピースなら、オフショルダーにすることで、美しいドレープがバスト～ウエストまでなだらかに広がり、服の中で身体が泳ぐようになるのです。

ただし、そのままウエストを絞らず着てしまったら、ずんぐりとした印象になるので、やっぱりウエストマークでメリハリを「つくり」ます。少し長めのベルトなら、無造作に結んで使うこともできるからおすすめです。

肩の素肌も出し、ボディラインを上手にいかしたワンピース——。これに、ハイヒールを合わせると、「女度」がトゥーマッチになってしまうので、フラットシューズを合わせて、軽やかさをアピールしましょう。

肩を出して、ウエストマーク。
これでかなりスタイルアップ

薄手のニットワンピースの首元を
片方の肩が出るぐらいぐっと下げて、
上半身の肌をのぞかせた着方。
ベルトは、中央ではなくやや左側で、
バックルを通さずにひと結びして、
ラフに垂らすのが素敵です。
真面目っぽいハイゲージニットだから、
エスニックなフラット靴で遊び心を。

ワンピース¥93450
／クルチアーニ（ストラスブルゴ）
靴（ヒール0.5cm）¥40950
／デイ ミッレ（トレ トレ 青山店）
ベルト／ドゥーズィエム クラス
（本人私物）

ぽっちゃり
~160cm前後~

ハイゲージのニットワンピースは、写真のようにチュニック風に着ることも可能。160cmくらいの人には、こんな着方がおすすめです。裾が少しすぼまっているので、きれいにブラウジングもできるのです。そして、ベルトはあえて使わずに——。なぜなら、ニットワンピースとコットンのパンツ、グレーのトップスとカーキのボトムス……、というように、素材と色、それぞれのコントラストがすでについているから。ここでまたベルトをプラスすると、ポイントが多くなりすぎてしまうのです。

ブラウジングするときのコツは、ヒップが半分隠れるくらいの丈に調節すること。ボトムスは、ストレートラインのカーゴパンツを合わせます。やはり、「ヒップを見せるか見せないか」が、全身を整った印象につくるポイント。よほど背が高い人以外は、ヒップをすっぽり隠さないことが大切です。ワンピースの裾を太ももくらいまで下げてレギンス——という組み合わせよりも、ヒップの存在を出して。ここでトップスとボトムスの境界線をはっきりとつくる着方のほうが、断然、スタイルアップ効果は高くなります。

そして、足元。ロングブーツにパンツの裾をＩＮして着るなら、その分、上半身は軽く仕上げましょう。首筋、デコルテの肌をアピール。もちろん腕も同様です。顔まわりと手元の肌をきちんとアピールすることで、足元をブーツで「重く」仕上げてもバランスが取れます。

足元は重く、上半身は軽く――が、視点を上にもってくる秘訣

裾がリブ編みのニットワンピースなら、
着丈を自在にアレンジすることも可能。
まずはワンピースの裾を、
ヒップの、ちょうどてっぺんぐらいまで
持ち上げて。その分、たるんだ部分を
ラフにブラウジングすることで、
ベストな丈に仕上がります。
ネック部分は、鎖骨がややのぞく
ぐらいの高さまで無造作に折って。

ワンピース(P69と同じ)
パンツ¥27090/ジェイ ブランド
(ストラスブルゴ)
靴(ヒール6.5cm)¥69300
/ペリーコ(ウィム ガゼット青山店)

ぽっちゃり
~165cm以上~

背が高い人は、センタープレスが効いたフルレングスのパンツを合わせて。背が高いという、誰もがもてるわけではない、あなただけのチャームを、いっそ、思い切り楽しんでください。こんな、縦にすっきりとのびたラインは、着る人を堂々と美しく見せてくれるはずです。

そして、シンプルに垂らしたパールのネックレスも、この「縦のライン」にきれいにはまるジュエリー。ウエストでワンピースをブラウジングし、あえて重心を下げた着こなしには、50cmくらいの、ちょうどデコルテに収まるくらいのネックレスでは、アンバランス。ネックレスとボリュームのある首元という、視線を留めるポイントが近すぎるから。165cm以上の人なら、100cm~120cmくらいのロングネックレスがおすすめです。この幅の中で、あなたにベストな長さを見つけてください。

こうしてできた細長いシルエット。最後に、靴はどうしますか？　やはり適度にヒールの高い靴を合わせたいですよね。ただし、たっぷりしたパンツの場合、ヒールの高さとパンツの丈を計算することが重要です。裾が長すぎると、ヒールで裾を踏んでしまうし、短すぎると、見えるべきではない足首がのぞいて、せっかくつくった縦長のシルエットを途中で分断してしまうから。ということで、正解は、ヒールをはいた時に、パンツの裾から靴のつま先がちらりと見える程度――。かなり長めの丈が好バランスです。

フルレングスのパンツで、
「縦のライン」を強調して

P65のパンツスタイルの場合と同様に、
目線を上げすぎないことが、
この体型の人には大切。
そこで、ニットのネック部分は、
あえて下げずにオフタートルにし、
首が少しのぞくぐらいの肌見せ具合に。
裾広がりのパンツとバイカラーの靴で
足元に重さをつくり、
ロングネックレスで目線をさらに
下げる工夫も忘れずに。

ワンピース（P69と同じ）
パンツ¥94500／ロベルタ フルラネット
（ストラスブルゴ）
ゴールドのネックレス¥241500／MIZUKI
パールネックレス、
靴（ヒール6.5cm）／ペリーコ（本人私物）

きゃしゃ
～155cm以下～

表面に凹凸があり、ボディラインに立体感をつくってくれるようなワンピースは、きゃしゃな人にぴったり。こうしたタイプのワンピースは、腕や脚など、ワンピースを着ていても見える部分が、きゃしゃな人こそ、「良さ」が実感できるから。

まず、きゃしゃで小柄な人は、ワンピースとしてシンプルにスタイリング。ちょうど膝上くらいの丈に、フラットシューズを合わせれば、この体格の人がもっている、可憐さ、かわいらしさ、軽やかさ――すべてが表現できます。ニットが地厚で、表情豊かな分、タイツをプラス。生脚では、服のボリュームと脚の素肌との落差が激しくて、未完成のコーディネートに見えてしまいます。でも、全身を覆ってしまうと、ヌケ感がなくなる？　いいえ、その心配は不要です。肘くらいまで袖をまくった腕の肌がその役割を果たしてくれるから。

そして、アクセサリー。少し短めのワンピースをすんなりとのびた腕と脚で着こなすときに、過剰なアクセサリーは禁物です。ただし、あえて少し長めのネックレスをプラスオンしたのには、２つの理由が。１つ目は、少し裾が広がったＡライン――重心が下のワンピースと、目が留まる「アイキャッチ」の位置を揃えるという理由。２つ目は、一枚で着てこそかわいいワンピースと、ネックレスをさりげなくレイヤードし、着こなし自体に立体感を加える、という目的で。このタイプの人には、長さ80〜90cmのネックレスがおすすめです。

一枚で着られるのは、
きゃしゃな、155cm以下の人だけ

マットな素材のネイビーのワンピースに、
まろやかなパールの白さが際立つ、
上品でいてかわいらしいコーディネート。
写真には写っていませんが、
肌が透けないぐらいの地厚なタイツを
合わせることも忘れないで。
タイツの色は、靴の黒でも、
ワンピースのネイビーでもなく、
両方をつないでくれる杢グレーが正解。

ワンピース¥105000
／ジャンバティスタ ヴァリ
（ストラスブルゴ）
パールネックレス¥105000
／ベルシオラ
靴（ヒール0.5cm）¥36750
／カリステ（トレ トレ 青山店）

きゃしゃ
~160cm前後~

足首、手首、デコルテといったパーツはもちろん、身体全体に骨っぽさがある人は、ヒップを完全に覆うチュニック丈のワンピースもバランスよく着こなせます。そこに合わせるのは、デギンスをはいた細い脚。トップスにもボトムスにもボリュームをもたせては、いくらほっそりした人でもスタイルの良さはいかせません。やはり、どこかポイントを絞って自分の良さをアピールすることが大切です。

そして、その「私のチャーム」——細い脚をより際立たせるのは、ボリュームのあるハイヒール。これをはくだけで、視点が上へ上へと上がります。そして、ボリュームヒールを合わせたことで、それまでは圧倒的にトップスの分量が多かったトップスとボトムスのバランスが、ちょうど半分半分に。背が低めの人では、なかなかできないトップス：ボトムス＝１：１のコーディネートです。

さて、こうなれば、選ぶアクセサリーはもう自由。短めのネックレスを選べば視点は上へ、逆なら下になります。もちろん、ピアスやブレスレットだってＯＫ。ここでは、ミドルレングスの60cmほどのネックレスを選びました。凹凸のあるニットに埋もれないよう、地金は地金でも、存在感のあるデザインを。ニット素材はマットに映り、印象が暗くなることがあるので、ジュエリーで光をプラスすることもお忘れなく。

トップス：ボトムスのバランスを 1：1にすれば、心地よくきれい――

底が厚いプラットフォームに加え、
スエードという重厚な素材で
重たい足元をつくってくれるのが、
このタイプのパンプス。
とはいえ、ネイビーのトップスに
インディゴのボトムスという
ワントーンコーディネートだから、
足元は、あえてライトグレーではずして。
ゴールドのミドル丈のネックレスは、
スリムなデザインで視線を集めて。

ワンピース（P75と同じ）
デギンス¥22050／
ゴールド サイン（ストラスブルゴ）
ネックレス／MIZUKI、
靴（ヒール9.5cm）／GUCCI（本人私物）

きゃしゃ
~165cm以上~

背が高い人には、ニットワンピースをウエスト部分で少しブラウジングして、ベーシックなニットトップスかのようにスタイリングしてみました。膝丈くらいのスカートと合わせたシンプルなコーディネートです。膝がちらりとでも見えるなら、靴と同じ色のタイツをはきましょう。

そして、素肌がもつ「ヌケ感」を期待できないタイツ&ロングブーツを合わせたから、トップスのどこかで肌を感じさせたい——。ということで、袖をぐっとまくった着方に。そして、手首から肘くらいまでの、「肌の存在」を意図して見せていることをさらに明確にするため、ブレスレットをプラス。ニットに表情があるからこそ、肌に溶け込むくらいの、きゃしゃなタイプを重ねづけします。繊細な光が、動くたびに手首にニュアンスを加え、このパーツをうんと目立たせてくれます。「肌を見せない」部分の分量を多くすることで、逆にほんの少しの素肌の存在が際立ち、その効果を大きく感じさせてくれるのです。

合わせたロングブーツは、ヒールが高めのもの。その理由は、ニット、スカート共に重い色、重い素材なので、靴にしっかりボリュームをもたせて、「支えたかった」から——。光沢のあるパテント素材なので、マットなトップスとボトムスの組み合わせにも、華やかさと軽やかさを加えてくれます。

素材の妙で見せる、
ストイックなスタイリング

小柄な人にはワンピースでも、
背の高い人には、
ちょっとブラウジングするだけで、
ニットトップスのようなアイテムに。
このタイプの人は、目線を上に上げる
アクセサリーはNGなので、
ニットの袖をぐっとたくし上げ、
手首にきゃしゃなブレスレットを。

ワンピース（P75と同じ）
スカート¥89250
／ジャンバティスタ ヴァリ
（ストラスブルゴ）
ブレスレット上から:
¥126000、¥18900、¥65100／MIZUKI
靴（ヒール10cm）
／セルジオ・ロッシ（本人私物）

私らしいパーツを
いかす方法、カバーする方法

自分の身体のアウトラインに最も合ったシルエット、そしてその、体格別の着こなしのポイントは、もうおわかりになりましたね？

それでは、次に、パーツについて考えましょう。ここを最初に考えてしまうと、全体が見えず、結果として全身の印象＝おしゃれが、曖昧になってしまうということは、すでにお伝えしてきました。でも、引きの視線で自分を捉えることができた今、あなた（＝家）のおしゃれの土台（＝骨組み）はすでにできています。そのうえで、ようやく、窓のデザインやドアの大きさ、壁の色など（＝ボディパーツ別のおしゃれ）を考えることができるのです。

ここでの考え方の基本も、自分のパーツ――かたち、印象――をつぶさに観察することから始めます。「脚が太い」といっても、太ももが張っていて、ふくらはぎがすんなりとしているのか？　もしくは、太ももは普通だけれど、膝から下が筋肉質なのか？　それとも、全体的にぽっちゃりしていて、足首からふくらはぎ、太もものサイズがさほど大きく違わないタイプなのか？

星占いを見るときに、自分の生まれた星座をあなた自身が把握しているように、ここからは、「あなたのパーツ」がよくわかっていることを前提に、ページを進めていきましょう。

顔色 Face Color

自分の顔色を最も美しく見せる——
それが、トップスの色を決める条件

色って本当に難しい。特にトップスにもってくる色は、私の場合、２色か３色。本当に少ないです。それは、星の数ほどある色の中で、「自分にしかない、自分だけの肌色」にぴたりと寄り添ってくれる色など、そうはないから。トップスに何色をもってくるかは、ファンデーションの選び方に少し似ていて、本来の肌色を消さず殺さず、けれどムラをなくして美しく見せる——ここがポイントなのです。

ここでは、日本人に多く見られる肌色を４タイプに分けました。1つ目は、おそらく一番多いであろう黄みがかった肌色。２つ目は、赤みを帯びた色白さん。３つ目は青みを帯びた色白さん。そして、4つ目に日焼け肌。自分がどれに当てはまるのかをまずはチェックし、気をつけること、そしていかすべきポイントを参考にしてください。

黄みがかった肌色

日本人には最も多い黄みを帯びた肌色は、くすみが最大の敵。そこで、内部に含まれたベージュが肌色になじみ、かつ、レフ板のように、くすみを払ってくれる明るめの杢グレーを。もちろん、最大のブライトカラーである白もしかり。ポイントとして、まろやかなパールネックレスで取り入れるのも効果的です。

ニット¥34650／マイー（昭和西川）　ネックレス¥16800／アガット

赤みを帯びた色白

外国人の少女のような、ピンクみを帯びた色白さんには、正反対の色を選ぶのがおすすめ。例えば深いグリーンや、ブルー。ややもすると印象が薄くなりがちな肌を、まるで上質な額縁のように、ぐっと引き立ててくれるのです。さらに、硬質な輝きのジュエリーをプラスして、透明感も際立たせて。

ニット¥34650／マイー（昭和西川）　ネックレス¥493500／ベルシオラ

青みを帯びた色白

チークなしでは外出できないような、透明度の高い色白さんは、血色をプラスしてくれる赤がぴたりとはまる。これも、反対色の原理。一切のくすみを含まない、ピュアレッドがとてもよく似合います。ネックレスをするなら、ニットになじむ繊細な光ではなく、アクセントになる深い色がいい。

ニット¥34650／マイー（昭和西川）　ネックレス¥91350／MIZUKI

日焼け肌

ダークスキンを鮮やかな色で「明るく見せる」のは、くすみをかえって強調するのでおすすめできません。自分の肌色よりも、1トーンか2トーン明度の高いベージュでくすみを一掃しましょう。肌とニットが同系色で連なるので、ぱっと目立つ、全く反対色の石、ターコイズブルーを効かせました。

ニット¥34650／マイー（昭和西川）　ネックレス¥94500／Ketty Mylan（アガット）

顔の形 Face Line

顔は、シルエットで考える。
どこを強調するか——決めるのはピアス

目鼻立ちよりも、時として目立つのが、顔の輪郭＝フェイスライン。あなたはどんなタイプに入りますか？　分類すると、次の４つ。知性が薫るベース型、愛らしい丸型、親しみやすい下膨れ型、そして優しげな面長型。顔は通常、人の視線が真っ先に集まるパーツ。顔を縁取るフェイスラインは、顔全体の印象を大きく左右することになるのです。

そこで、気をつけたいのがピアスの選び方。この、顔の最も近くに位置するジュエリーは、フェイスラインを美しく見せることもあれば、強調したくない部分を目立たせてしまうこともある重要なアイテム。耳にぴたりとつくタイプがいいのか、もしくは長く垂れて、揺れるデザインがいいのか？　そして素材も。マットな質感か、キラキラしているべきなのか、透けるものか？　自分に似合う、ベストなピアスをぜひ手に入れてください。耳元で小さく光るジュエリーが、あなたのフェイスラインをより美しく見せてくれることに驚くはずです。

ベース型

知的さが漂う一方で、きつい印象に見えがちなベース型の人は、
ゆらゆらと揺れるピアスで繊細さをプラス。
角張ったエラの少し上くらいに、ピアスが揺れるイメージです。
地金のタイプでもいいのですが、理想は半貴石のもの。
しかも、向こう側が透けて見えるほど、透明な石。
顔のラインを分断しないクリアな素材なら、
フェイスラインにきれいになじんでくれます。

ピアス¥43000／菊地宝飾（菊地宝飾 フォーシーズンズホテル 東京店）

丸型

全体的にふっくらとして、若々しい印象の丸顔さんには、
硬質でクールな輝きが特徴の、ダイヤモンドの一粒ピアスを。
サイドから見たときに、ダイヤモンドの光が際立ち、
視線を留めることになるのです。
デザインでシャープさを加えるのではなく、
石のもつ光沢で――がキーワードです。

ピアス¥100000／菊地宝飾（菊地宝飾 フォーシーズンズホテル 東京店）

下膨れ型

親しみやすい下膨れのフェイスラインの人は、
同じ一粒ピアスでも、少しボリューム感のある
バロックパールのタイプがおすすめ。
顔の下部分にポイントがある顔型だからこそ、
視線の集まる先をピアスの存在感で
2㎝くらい上へもってくるイメージです。

ピアス¥88000／菊地宝飾（菊地宝飾 フォーシーズンズホテル 東京店）

面長型

垢ぬけて見える反面、
寂しげに見える心配のある
面長の人は、
長く揺れるピアスを。
耳からあごまでの長さが、
ほかの顔型よりも長いため、
その空間が間延びするのを
防いでくれます。
フェイスラインに届くくらいの、
思い切り長いタイプを
選びましょう。

ピアス¥350000／菊地宝飾
（菊地宝飾 フォーシーズンズホテル 東京店）

二の腕 Upper Arm

出すか、隠すか——ではなく、
首筋の見せ方を吟味する

多くの人が抱える「二の腕問題」。もちろん、私にもあてはまります……。20代前半までは、肌がぴんと張っていて、太い・細いの個人差はあっても、手を振ったときのイヤな「贅肉の揺れ」は、多くの人が感じなかったはず。けれど、30代、40代になるにつれ、肉質は柔らかくなり、支える筋肉を鍛えていない限り、太くなる——というよりは、輪郭が甘くなる感じ。

実は、このパーツの印象をどう整えるかは、ウエストまわりやふくらはぎ問題よりも重要。まず気にすべきは、この部分を出すか、隠すか、ではありません。袖の長さや身頃のゆとりという視点で見た、トップスのデザイン。そして、首筋の見せ方。気になるパーツの隠し方ではなく、それ以外の艶っぽく美しい部分を目立たせて、苦手なパーツの印象を弱くする作戦です。

トップスといっても、シャツやブラウスは、人によっての選び方にそれほど差はないので、3枚のカットソーを例に、選ぶときにチェックしたいポイントをご紹介します。

筋肉質で筋っぽい

二の腕ががっしりとしている人なら、
まずはラウンドネックで柔らかさをプラス。
袖つけも、ラグランのように
肩のラインが曖昧なものも、きれいに収まります。

ラウンドネック長袖Tシャツ¥7770
／スリードッツ（スリードッツ代官山アドレス店）

細くてきゃしゃ

腕の最も太い部分を分断してしまう、短めの半袖も、
二の腕が全体的にほっそりしている人ならOK。
衿元にヌケをつくらなくても、コンパクトに着られます。

クルーネック半袖Tシャツ¥2625
／プチバトー（プチバトーブティック表参道店）

太くてむっちり

肉質が柔らかく、ボリュームがあるのがこのタイプの人。
手首の細さで、二の腕をすっきり見せる七分袖、
そしてデコルテを逆三角形のエッジで囲むV開きなら、
すっきりと着こなせます。

Vネック長袖Tシャツ¥9240
／スリードッツ（スリードッツ代官山アドレス店）

手首 Wrist

実は、とても重要なパーツ。アクセサリー選びは慎重に

　腕全体の中で実はとても目立つのが、先ほど述べた二の腕と、先端に位置する手首。全身に占める面積がとても小さいこの手首というパーツが重要な理由は２つ。１つは、どんな体格の人でも、手首は骨っぽさを感じさせる、数少ないパーツだから。２つ目は、厚着をする冬も、肌の露出が多くなる夏も、季節にかかわらず、このパーツは隠すか、隠さないかを、自分で決められる場所だから。例えば真冬。地厚のカシミアのセーターを着ていても、袖を少しまくって、手首をアピールする。重たい素材を重ねることが多い時季でも、ヌケ感が生まれ、ぐっと軽やかな印象になります。

　そして出した手首を、どう装うか——。どんなフォルムのブレスレットを選べばいいのか、素材は？　そこをぜひ、考えてみてください。そうして核になる１つを見つけたら、あとは、自在にコーディネート。少しずつ増えていくコレクションを、その日の服や気分によってレイヤードしていくのも楽しい！

太くてがっしり

細いチェーンの、手首に溶け込むくらい
繊細なブレスレットがおすすめです。
女性らしさが加わり、
しっかりとした手首を
きゃしゃに見せてくれる効果があります。

ゴールドチェーンのブレスレット¥35700／ベルシオラ

平べったい

日本人にありがちな、
手首がフラットなタイプには、
ラウンド(丸い)バングルを重ねづけ。
細いものを何本か重ねることで、
平坦に見える手首に、立体感を加えます。
さらに色もミックスすると、華やかに。

2本セットのバングル:
各¥16800／アガット

細くてきゃしゃ

ほっそりとした手首の人は、
シルクコードをぐるぐると手首に巻くタイプで、
このパーツに視線を集め、
そのきゃしゃな印象をさらに際立たせます。
ピンクからレッド、カーキへとグラデーションになった
このぐらい目立つカラーのコードタイプで、印象的に。

チャーム付きブレスレット¥19950／MIZUKI

ウエスト＆お腹 Waist & Belly

ウエストの「ありか」をアピールすれば、確かに女度は上がる

ウエストのラインを感じさせることで、「女っぷり」は確かに変わる。出せば上がるし、覆い隠せば下がるもの。でも、ウエストは自信がない人が多いパーツでもある……。

そんな場合は、「お腹まわりが気になるから出せない」ではなく、コーディネートで「くびれ」をつくってしまえばいいのです。なにもウエストからヒップにかけてのラインがくっきりとわかるようなタイトな服を着なくても、ウエストの存在をアピールすることは可能！　ウエスト位置をやや本来の位置よりも上につくれば、色っぽさは増し、逆に下げればリラックスした雰囲気になる。どちらにしても大切なのは、くびれの上下のラインはできるだけ曖昧にしておくこと。少しゆったりとしたドレープや、ゆとりを感じさせるようなものならば、気になるラインは上手にカバーしながら、きゅっと細いウエストが手に入ります。

さまざまなスタイリングをしてみて、「ウエストづくり」に最も有効なアイテムだと思ったのは、ワンピース。素材やデザインを吟味すれば、着るだけで簡単に美しいくびれを誰もが手に入れられるなんて、すごい！

下腹部が出ている

おへそより下の下腹部のたるみ。大人になると、
ここが気になる人って実は多い。その場合の解決策は、
ブラウジングできるワンピース。
ウエストの下で紐をきゅっと締め、ギャザーを寄せれば、
縦に入ったシワが、下腹部を上手にカバーしてくれる。
少し地厚の、柔らかな素材を選ぶことも大切。

ワンピース／ウィム ガゼット（本人私物）

くびれがない

全体的に太く、くびれがない人には
やっぱり、ベストはラップワンピース。
もちろん、ジャージー素材が最も効果を発揮します。
「自前のウエスト」よりも、うんと上の位置で
共布のリボンを結び、そこから生まれる
ランダムなドレープが、なだらかなボディラインを
女っぽく包んでくれる。

ラップドレス¥59850／ダイアン フォン ファステンバーグ

お尻 Hip

ここをどう見せるのか——ヒップが後ろ姿の成否を決める

よく、「ヒップが大きいから、できるだけ長いトップスで隠すようにしています」という声を聞きます。私は、いつもそれを「もったいないなあ」という気持ちで聞いています。

ヒップは上半身と下半身をつなぐ、接合部分。この部分を見せないでいると、ややもすると、凹凸のない、ずどんとした後ろ姿になってしまう。後ろ姿だけではなく、サイドから見たラインだって。そう、大きいのは、決してマイナスポイントではない。きちんとヒップの存在をアピールできるし、上半身と下半身がしっかり分かれて見え、女性らしい立体感だって生まれるから。だからこそ、せっかくのヒップの丸みを補整下着でつぶさないでほしいし、ポケットの位置やかたち、そしてヒップからつながる太ももと裾に向かうラインが、ヒップメイクに有効なことを知ってほしい。

そこで、ヒップの悩みを４タイプに分け、ベストなジーンズ（後ろ姿！）を紹介しながら、そのポイントをご紹介します。

小尻

ヒップが小さい、きゃしゃな人には、
ボーイフレンドデニムがぴったり。
恋人のデニムを借りました、
という風情のメンズライクな
ディテールには、
ぷりんと丸いお尻は似合わない。
少年のような骨っぽいお尻が、
少し硬めの素材の中で
泳いでいる感じこそが、かわいい。

デニムパンツ¥19950
／レッド カード（ゲストリスト）

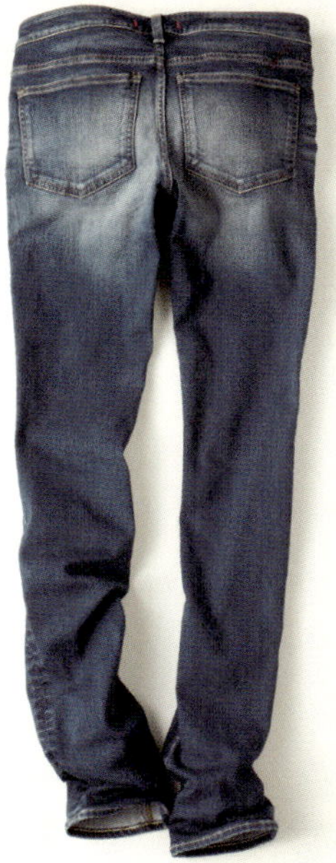

でっちり

横から見たときに、ヒップが
突きだしているように見える、
でっちりさん。この立体感は、
あなたのチャームポイント。
ストレッチの効いた
スリムなラインで、
とことんいかしたほうが賢明。
ポケットの内側が高く、
外側にいくにつれ
低くなっているのが、
お尻を立体的に見せる秘密です。

デニムパンツ¥19950
／レッド カード（ゲストリスト）

扁平

横幅が広く、
ヒップから太もものラインが
直線的なバギータイプは、
お尻が平らな人にぴったり。
正面から見たときに、
ヒップと太ももにフィット感があり、
膝下は余裕がある——、
そんなシルエットが最適です。
ポケットが上についているから、
脚長効果も大。

デニムパンツ¥19950
／レッド カード（ゲストリスト）

全体に ボリュームがある

全体的に大きく、
ボリューム感がある人は、
ストレッチが適度に効いた
ブーツカットを。
膝の高い位置で絞ってあるから、
脚がまっすぐ長く見えるのです。
裾に向かうフレアラインが、
大きめのヒップを
きちんと支えてくれます。

デニムパンツ¥28875
／シチズンズ オブ ヒューマニティ（ヤマツゥ）

太もも Thigh

素材やデザインを選べば、
太もものボリューム感だって、格好よく映る

　太ももも、「気になる身体のパーツ」でよく挙がる部位。ただし、ここも、ボリュームがあるから悪いわけでも、細いからいいわけでもありません。細い人は細いなりに、横に張っている人はまたそれなりの、そして筋肉質の人によくある、前に張り出した太ももだって、それぞれ悩みを抱えていたりする。でも、このパーツを、正しい素材、そして正しいラインで包めば、その悩みはアピールポイントにもなるのです。

　まず大切なことは、やはり適切なサイズのボトムスを選ぶこと。例えばパンツ。フロントのセンタープレスが消えかかるほど、生地が引っ張られていないか。後ろから見たときに、入るべきではない横ジワが寄っていないか——。ここを試着のときに必ずチェックしてください。そして、あとはベストなデザインを選べばいい。どういったラインが、自分の太ももを最も魅力的に見せてくれるのか——。それを考えて、あなたにぴったりの一本を選びましょう。

横に張っている

横にがっしりとたくましい太ももに、
裾に向かって細くなるスリムラインのパンツは、
やはり少し難しい。ヒップにひっかけて、
そして太ももからまっすぐでメンズライクなラインを描く、
ワイドめのパンツがベストです。

ワイドパンツ¥35700／ジョゼフ（オンワード樫山）

前に張っている

長い間運動をしていた人に
よく見られる、
太ももが前に出ているタイプ。
そういう人には、
膝を高い位置で絞った、
美脚ラインの一本を。
立体感があるデザインが、
どこから見てもキレイを実現。

パンツ¥33600
／ジョゼフ（オンワード樫山）

細くてきゃしゃ

太ももが細すぎても、パンツのラインは美しく出ないもの。
ただし、細い人にしか着られないのが、
スリムラインのパンツ。
ジャストサイズよりも、
少しゆとりがあるくらいのサイズ感で着たほうが格好いい。

クロップトパンツ¥34650／ジョゼフ（オンワード樫山）

ふくらはぎ Calf

脚の悩みは、きっとここに集中。
スカート×靴のベストバランスはこれ！

一般的に「脚がキレイ」というのは、ほとんどの場合が「ふくらはぎの様子」を指すことが多いのではないでしょうか？　よほどミニ丈を着ない限り、太ももの存在は隠れているし、ふくらはぎが「脚の印象」を左右するのは、もっともなことかもしれません。ただし、ふくらはぎが太い＝脚は出せない、と決めるのも、少し早すぎ。ふくらはぎ全体を見て評価するのではなく、細かなパートに分けてチェックしてください。例えば全体的にがっちりした脚も、ふくらはぎが半分隠れる丈のスカートとハイヒールなら生き生きと見える、とか。要は、一口に「ふくらはぎ」といっても、足首からふくらはぎ半分まで――や、膝下から足首の上まで――など、自分の最も美しい部分だけをアピールすればいいのですから。

大きく３つのタイプに分けて、相性がいいスカートとシューズの組み合わせをピックアップしました。ぜひ、ご自分にあてはめて考えてみてください。

O脚気味

O脚気味の人は、膝を出し、
両ふくらはぎが"O"の字のように
離れてしまっている部分は、
ストレートのロングブーツでラインを補整しましょう。
ぴったりとした細身ではなく、
足首が締まりすぎていない、すとんとした筒のラインが◎。

スカート¥14700／ウィム ガゼット（ウィム ガゼット青山店）
靴（ヒール10cm）／セルジオ・ロッシ（本人私物）

細くてきゃしゃ

実はふくらはぎが細すぎても、
膝から上を支えきれず、
全身で考えたときに、
バランスが悪く見えることも。
そこで、スカートは、
裾に向かってシルエットを絞った、
ペンシルタイプを。
これは細いふくらはぎの
人にしか似合いません。
細身のパンプスを合わせて。

スカート¥27300／ウィム ガゼット（ウィム ガゼット青山店）
靴（ヒール6.5cm）／ペリーコ（本人私物）

筋肉質

筋肉質でがっしりとしたタイプは、
いちばん「太い部分」を隠すと成功します。
膝のすぐ下。そこを長めのスカートでカバーすれば、
足首からふくらはぎの半分くらいまでの
筋っぽさを感じさせる
いちばん魅力的なパートをアピールできるから。
靴は、ボリュームのある一足を。

スカート／ダイアン フォン ファステンバーグ、靴（ヒール9cm）／プラダ（本人私物）

髪色 Hair Color

トップスの「MYカラー」を決定する、髪というアイテム

全身で見たときに自然に目がいき、しかも実はその人のおしゃれにとても深く影響するのが、ヘアカラー。ここを考えずして、その人のおしゃれのベースになるパーソナルカラーは見つけられません。もしかしたら目指すべきスタイルさえもなかなか見つからないかもしれない、というぐらい！　自分の肌色を見極めた上で、最良の髪色を選ぶことが大切です。ちなみに私は、シーズンの始めに真っ先に髪色を考えるようにしています。

秋の始め、冬の終わり。バッグや靴、服を買うよりも前に、そのシーズンの髪色を何色でいくかを考える――この作業は、「毎週末サーフィンで髪も肌も日焼けをした人」なのか、「ツイードやシルクを好む、コンサバティブな女性」なのか。まずはこんな漠としたイメージからスタートします。そうしてオーダーした髪の色が、どんな色を含んでいるのかを把握してから、はじめてそのシーズンの土台となる服の色を決める。その後、実際に必要な服や小物をそろえる。これが正しいシーズンごとの買い物の順番です。

[ブラウンがかった、ナチュラルな黒]

日本人は、ほんの少しブラウンを帯びた黒い髪色の人が多いはず。少し重たく見えますが、その重たさを逆手にとれば、黒は必ず似合います。ただし、タートルネックではなく、Vネックなどで、髪と服との間に、肌の質感（＝ヌケ）をはさみ、重く見せないことが大切です。

[赤みを帯びたブラウン]

日に焼けた日本人の髪色は、このタイプに入ります。日に透かしてみると、赤茶に見えるのでチェックしやすいはず。グレーやベージュとは相性が悪く、安っぽく映ることもあるから、カーキやネイビーといった深めのボーイッシュな色で、印象を引き締めてあげるといいでしょう。

[黄みを帯びたブラウン]

このタイプの髪色の場合は、軽やかでリッチな印象にしたいから、髪色と服のコントラストをあまりつけないことが重要です。ベージュを含んだ杢グレーや、ドライなベージュがおすすめ。生成りがかったオフホワイトも、よく似合います。

首 Neck

「3つの首」の中でも最も大切。
どう見せるかを考えて——

手首のページでも力説してしまいましたが、小さな部分ではあっても、その人のおしゃれ度を決めるパーツがあります。それは、「３つの首」＝首、手首、足首。中でも、全身のコーディネートを見たときに最も目立つのが首です。自分の最大の見せ場としてアピールするのか、もしくはあまり視線を集めないほうが賢明なのか——を一度考えてみましょう。これは、私が実際にモデルさんに着てもらう服を選ぶときにも、とてもとても気を使うパーツです。

［太くて短い］

太さをカバーする工夫と、短さをできるだけ感じさせない計算が大切です。絶対にＮＧなのがタートルネック。オフタートルも、ぴったりとしたタートルも避けたほうがいいでしょう。逆にとても似合うのが、Ｖあきのトップス。横に広くあいているものより、細く、縦に深くあいているＶネックがベストです。

［太くて長い］

首全体を覆うタートルタイプの中でも、たっぷりとしたネック部分が特徴のオフタートルがおすすめ。首元にドレープが寄ることで、自然に首の半分くらいをふんわりと包むようなニュアンスがうまれ、がっしりとした首元を柔らかく見せてくれるのです。コットンのような張りのあるシャツも似合います。

［細くて短い］

鎖骨を隠すくらい衿の詰まったクルーネック。そこに薄手のストールを垂らしても。その場合、首が「締まって」見えるのを避けるため、ストールはぐるぐるとは巻かずに、さりげなく首にかけて垂らすだけがいいでしょう。

［細くて長い］

間延びして見えてしまう危険性があるため、ベストなのはタートルネック。折り返したときに、首の半分くらいで留まってしまうと逆効果なので、着てみて、あごの下まで折り返し部分の頂点がくることを確認しましょう。素材が薄く、柔らかなブラウスも、このタイプの人にはおすすめです。

デコルテ Décolleté

艶っぽさが宿る場所。
隠すのか、どう見せるのか——が大切

デコルテ。女性にとって、これほど心強いパーツはありません。私たちがおしゃれに見えるための最大の武器は、バストでも脚でもなく、デコルテといってもいいほど！　ここが正しく、一つの大切なアイテムとしてアピールできていれば、うんとおしゃれに見えるのです。

そこで、まず考えたいのは、この部分を見せるのか見せないのか——ということ。なぜなら、デコルテは、とても艶っぽく、女っぽいパーツだからこそ、中途半端な「見せ方」をすると、一気に野暮ったく見えてしまう可能性があるから。最も危険なのは、衿あきが中途半端で、半分くらいデコルテが見えるカットソー。同じ理由で、１つ目のボタンだけをあけたシャツスタイルもＮＧ。デコルテに気を配っていない風情は、一気に女性を老けさせるのです。

だから、隠すなら、タートルネックや衿が詰まったクルーネックなどで完全に隠してしまう。そうでなければ、潔く出す。その出し方・隠し方は、右ページを参考にしてください。

［はと胸］

デコルテが少し前に突き出したタイプ。骨を感じさせず、胸板が厚い人はここに入ります。はと胸の人は、「隠す」ことはあまり考えず、すっきりと出すことに心を砕きましょう。おすすめは、Ｖあきのトップス。シャープというよりは、丸みを感じさせるデコルテを、すっきりと見せてくれます。胸のトップ位置も高い人が多いから、気をつけたいのが、縦に深くあいているＶより、横に広がったＶを選ぶこと。ネックレスも、思い切って長めのもので、重心を下げても格好いい。

［痩せたデコルテ］

贅肉がなく、骨もうっすら浮いていそうなきゃしゃなデコルテは、ほかのパーツがそうでなくても、「痩せて見える」効果があります。タートルネックもよく似合う。そう、オードリー・ヘップバーンをイメージするとわかりやすいと思います。もし出すなら、まずはシャツ。２番目、もしくは３番目のボタンまであけて、細いＶでデコルテをアピールします。カットソーやニットなら、ゆるくラウンドにあいたものを。下にタンクトップを重ねると、より立体感が生まれます。

肩 Shoulder

服の起点であり、女っぽさを映すパーツ。ここを中心に、着こなしを組み立てて

どんな素材でどんなデザインか。見せるのか見せないのか。見せるとしたら、どのくらい？

これは、肩の話です。パーツの話をするときに、「好きなパーツ」にも「嫌いなパーツ」にも、あまりフィーチャーされない部分ですが、「服を着るとき」には、実はとても大事な部分。ジャケットのショルダーラインは、自分の肩山の少し内側に入っていないと、とたんに格好悪くなるし、ニットだって、肩のラインがきちんと合っていないと、太って見えたりする。もちろん、単純に肩が見える服は、女性らしさが倍増することでわかるように、実はフェロモンを感じさせるパーツでもあるのです。

しかも、肩は二の腕と違い、それほど贅肉がつかない部分。効果的に「使って」、「見せて」いると、あまり意識したことがなかった肩というパーツが、あなたをとてもきれいに見せることに気づくはずです。

肩幅が広い人、そしてなで肩の人。２つに分けて、アイテムの選び方、着こなし方を考えます。

［肩幅が広い］

肩幅が広く、着方を間違えると、まるで「ハンガー」のように、直線的で男っぽい肩に見えてしまう可能性があるのがこのタイプの人。ただ、基本的に服は肩がしっかりあったほうが美しく見えるものです。アレキサンダー・ワンから火がついた、ビッグサイズのとろみのあるカットソーなどは、このタイプの人にぴったり。あとは、肩パッドの入っていない、一枚仕立てのジャケットなども、肩がしっかりと留まって、さりげないけれどスタイリッシュに決まります。

［なで肩］

肩山がぷくっとふくらんだフェミニンなブラウスや、コンパクトなツイードのノーカラージャケットなど。肩の部分が立体的で、女性らしいデザインは、ちんまりと小さな肩を魅力的に見せてくれます。ベアトップのような、両肩を出すデザインも、このタイプなら、品よく映ります。黒のタートルネックニットのように、肩のラインをくっきりと際立たせる服も、実はなで肩だからこそ着こなしやすいアイテムです。

胸 Bust

大きさと位置と、見せ方——
バストにもっと注意深くなりたい

首のページでも触れましたが、モデルさんに服を選ぶとき、バストの大きさや形もうんと考えるパーツです。単純に服のサイズと胸のサイズが合っているか、というのはもちろん、スタイリングも、胸の存在を感じさせるのか、あえて消すのか——方向性をとても考えます。それによって、選ぶ下着も違えば、服のデザインも素材も大きく変わってくるからです。

例えば、Ｖネックのニットを１枚選ぶにしても、ハイゲージがいい？　それともざっくり編んだローゲージ？　Ｖのあきはどのくらいのものがベストか？　そして、胸のふくらみや柔らかさはどうする？　それに加えて、胸の位置だって大切です。30代後半にもなれば、自然にバストトップが下がってくるもの。でも、その具合がまた素敵——というのは、私自身の持論ですが……。

バストというのは、全身でその人を見たときに、かなり目立つパーツなので、どのように装えばいいか、一つ一つクリアにしていきましょう。

[胸が大きい]

大きな胸が女性らしいのは、言わずもがな。反面、太って見えたり、トップスのデザインをかなり限定してしまうのも事実です。バストメイクは、広がったり、逆に無理に寄せたり上げたりをせず、ノンワイヤーのブラジャーでナチュラルに見せることが、まずは大切。ローゲージのニットや、タイトフィットなレザーなどは難しいので、シルクのブラウスや、ドルマンスリーブのゆったりとしたブラウスなどがおすすめ。バストの柔らかさを、ソフトな素材になじませるイメージです。

[胸が小さい]

基本、服は選びませんが、大きい胸の人に似合うシルクのシャツなどは要注意。流れるようなドレープができてこそ魅力的なので、フラットなバストでは、着こなすのが難しい。ベアトップのワンピースも同様です。小さな胸でこそフィットする服ですが、あまりに「平ら」なのも、正直厳しいところです。レッドカーペットを歩くキーラ・ナイトレイなどは、フラットな胸をあえて補整せずに着ていますが、あれは、あの完璧な顔があって、幼稚に見えないから。こういったドレスシーンには、パッド入りのブラジャーを活用するのも一つの手です。

身体の厚み Body

身体の厚みによって、似合う服が変わる。それに気づいた人からおしゃれになれる

このページで取り上げるのは、身体の厚み。あなたは気にしたことはありますか？　太っている、太っていない——とは、また次元の違う話です。一般的に、欧米人は身体が円錐で、立体的。凹凸もはっきりしていて、横から見たときに、身体の厚みもある。そして日本人は、全体的にフラットで、薄いタイプが多く見られます。人間の胴体を輪切りにして上から見ると、欧米人は真ん丸に近く、日本人は楕円——と言えばわかりやすいでしょうか。ごくごくシンプルで、身体のラインをはっきりと出すような着こなしは前者のほうがよく似合うし、繊細なアイテムを重ねていくスタイリングは後者にはまります。

例えば、１枚のＴシャツで考えてみましょう。身体の厚みがある人には、ぴったりとしたコンパクトなＴシャツ。いわゆるマネキンに近い立体感のあるボディがはいったほうが、おしゃれに見えます。対して、衿まわりや袖、ボディ部分にかなりゆとりがある、ビッグサイズのＴシャツは、首筋や肩も薄くフラットな人のほうが、断然きれい。自分がどちらにあたるかは、ウエストを見るとわかりやすいでしょう。正面ではなく、自分

のサイドを鏡に映してください。背中からウエスト、ヒップにかけてはっきりとしたＳのカーブを描いているなら、身体が厚い人。そのカーブがなだらか、もしくは、どちらかしかカーブが見られない人は身体が薄い人です。

[身体が厚い]

タンクワンピースのようなシンプルなデザインは、ウエスト位置や肩、ヒップの厚みなどが正しい場所にはまらないと、なかなか着こなせません。だから、身体の厚い人向き。タイトなトップスにタイトなボトムスという組み合わせも同様です。

[身体が薄い]

ラップドレスのように、服自体が立体感をプラスしてくれるような服は、実は身体が薄く、フラットな人のほうが似合います。日本古来の着物もしかり。あとは、チュニックワンピースや、ボーイフレンドデニムも、あっさりしたボディラインのほうがすんなりと着こなせます。

膝 Knee

脚の印象を決める、大切なファクター。ベストなボトムスを決めることが重要

20代後半になると、以前とまったく違う印象になるのが膝。体重の増減にかかわらず、たいていは膝の印象がもっさりしてくるのです。うっすらとのった贅肉が、脚の印象を重く、そして鈍いものにしてしまう。

そこで、スカートを選ぶときは、まずはこの膝を出すか出さないか——をクリアにしましょう。ふんわりしているのか、タイトなのか……といったスカートの形の話よりも、まずは丈。スカートスタイルの成否は、脚が太い細いより、この膝問題だったりするのです。自分のベストの丈を決めてしまえば、これは似合う、これは似合わない——と選択肢がはっきりするので、服選びがかなり楽になります。着る服を制限しない、膝が小さいタイプは割愛して、膝が大きいタイプ、そしてもう１つ、意外に盲点なのが膝が前に出ている人。この２つに当てはまる人は、ぜひ、右ページを読んでみてください。

[膝が全体に大きい]

丸くて大きい膝は、ややもすると野暮ったい印象に見えてしまいます。膝の少し上くらいの、いわゆるベーシックな丈のスカートが、実は最も危険。思い切り短いミニ丈か、もしくは半分以上膝を隠すようにしたほうがすっきりと着こなせます。冬なら、タイツを活用するのも手。膝の存在感が薄れるから、素足や薄手のストッキングではけないスカートにも挑戦できます。

[膝が前に出ている]

横から見ると、膝が出ているのも、畳の生活が長かった日本人に多く見られるタイプ。太ももからふくらはぎにかけてが、膝を含めてすんなりとまっすぐ伸びた脚に比べると、脚の上部と下部をつなぐ膝が「出ている」脚は、全身の重心が下がって見えます。この場合は、膝は隠したほうが、「どの角度から見てもキレイ」が手に入ります。あと、パンツやデニムを選ぶときにも要注意。膝部分がタイトで、はっきりとラインが出てしまうものは、やや難しいでしょう。正面だけを見ていると、なかなか気づかないことなので、ぜひ、試着室の鏡や街なかのショーウィンドーなどで横からの姿も確認してみてください。

足首 Ankle

ボトムスと靴の選び方に注意。
脚、そして身体全体とバランスをとって

足首も小さな部分ではあるけれど、全身に大きな影響力をもったパーツ。人間の身体は、先端にいけばいくほど「細く」なっているから、手首同様、足首もたいていの人が細くて骨を感じさせるはず。だからこそ、例えば長年運動をやっていてこの部分ががっしりしていたり、もしくは全体的に細いのに、足首の「くびれ」が目立たなかったり——こんな人は、「足首を締める」計算や演出が必要になってきます。その際考えるのは、ボトムスと靴。この組み合わせ方で、足首はほとんどの場合「作る」ことができるのです。ヒールの靴を履けば、多少なりともふくらはぎの筋肉が上がり、足首上の筋も伸び、足元のくびれの存在を目立たせることができることは、すでにお伝えしてきたと思います。このページでは、パンツに限定して説明します。

［くびれがない］

全体に筋肉量が少ない人に多いのが、くびれのない足首。ふくらはぎから足首まで、ほぼ同じ太さで、ややもすると生命力の薄い、印象の弱い脚になってしまうことも。例えばクロップト丈のパンツで、ふくらはぎは隠し、一方で、足首を見せれば、

Beautiful shoes
and
chic anklet

メリハリのなさはカバーできます。その場合、靴はフラットでもいいし、パンプスでもＯＫ。ボリュームのある一足を選べば、その対比で足首が細く見えます。

［太くてがっちり］

女性らしいイメージをプラスしたいのが、このタイプ。裾に向かって細くなるスリムパンツは選ばないほうが賢明です。裾の細さに比べて、足首のがっしり感が余計目立ってしまうから。パンツを選ぶなら、膝が絞ってあり、裾に向かって少し広がるライン、そして、足首が見える丈を。靴はポインテッドトウを選ぶと、足元がうんとシャープに、きれいに見えます。

［細くてきゃしゃ］

足首が細い人――一見、悩みがなさそうなこんなタイプも、その細さゆえ、着こなしが難しい場合が。足首は身体全体を支える部分なので、上半身のボリュームに比べて、足首が細いと、引いて見たときに不安定な印象を与えることも。ボーイフレンドデニムにフラットシューズという組み合わせが正解です。要は重心を下にもってくることがポイントなのです。

超納得!

ブログに集まった Q&A厳選40問

2009年12月から始めたブログ、
「大草直子の情熱生活〜Bailame?」
(blog.excite.co.jp/grazia-naokoohkusa/)。
私服姿や家族の日常を綴ったところ、
今や、一日の訪問者が6000人を超えるほどに!
ブログ読者からいただく細かな質問は、
私にとっても勉強になることばかり。
そこで、多くの方に参考になるQ&Aを
厳選してご紹介します!

ファーが似合わない!

Question

ファーが似合わなくて困ってます。背は高めで体は薄く、ひょろっとしてます。顔は細面で、和風の童顔です。ファージャケットはもちろんのこと、今年大流行のファーケープでさえも、なんか迫力負けします。こんな私に似合うファーやムートンはありますでしょうか?　それとも、**地味な顔や体型の人に、ファーは禁物ですかね?**

by さやかさん

Answer

とっても興味深いなあ、と次のように考えてみました。ワタシはご存知の通り、リオの同級生のママから、「ママはどこの国の人?」と聞かれるくらい濃い顔なので、自分には当てはまらないのですが……。**撮影で、もちろん完璧なアジアンビューティのモデルさんと、ハーフ顔のモデルさんへのコーディネートは違います。**オリエンタルフェイスのモデルさんへは、ワタシ自身次のようなことを心がけます。

まず、**ファーと、その他のアイテムの色のコントラストをはっきりつけます。**例えばファーがベージュの場合、グレーのニットではなく、黒のニット……のように。そして、バッグや靴など、**小物は存在感のあるものに。**例えば大きなエディターズバッグに、編みあげブーツとか、ファーとほかのアイテムを「なじませる」のではなく、ファーをはっきりと際立たせる。→いうなれば、ミラノ風ではなく、パリ風に、を意識されたら、いかがでしょうか?

by Naoko

首が太くてマフラーが苦手

Question

私は、**かなり体型が太めのため、首が短く、太い**ので、大好きなマフラーを巻いてもなんだか苦しそうだったり、顔が埋もれているような印象がしています。こんな私に**マフラーの上手な巻き方**のアドバイスをお願いします!

by マージーさん

Answer

あなたが背が高い方ならば、ストールをあえて首に巻かず、垂らすだけでもおしゃれです。首に小さく巻く場合は、ワタシは必ず顔まわりをすっきり、ヌケが出るようにしています。夏は、長め(→100cmくらい)のネックレスを合わせて、視線を上に集めるのもおすすめです。

by Naoko

ワンピースに羽織るものは?

Question

子供の卒園式に向けて、先日黒のワンピースを購入しました。パンツ派の私にとって本当に珍しい選択で、胸元が少し深めのVあき、シンプルながらも袖にほんの少しひねりのあるワンピースを一目惚れで即購入。が……、**薄手の半袖なので、羽織り物がないと季節的に一枚では着れず、合わせる物がわからなくて、頭を悩ませています**(悩み過ぎでハゲそうです)。テロンとした冠婚葬祭にも使いまわせる真っ黒の生地です。普通には終わらせたくないです(^_^;)
黒のワンピースに合わせる羽織り物について、良いアドバイスお願いしますm(_ _)m

by YTさん

Answer

黒のワンピースはジャージー素材ですか?　少しテロッとした素材に合わせる羽織り物は、確かに難しいんです。そんなハイゲージ(←表面が滑らかでかなりとろんとした素材)なら、**真逆の印象の素材を合わせるとうまくいきます。**
例えば粗くツイードのように編んだ、表面に表情があるカーディガン。まるでジャケットのようなイメージで重ねられるものや、ミックスされた糸に黒が含まれているものなどがいいでしょう。あとは普段も使えるレザーのショートジャケット。きちんとした場面で着るなら、ナッパなどの柔らかな素材で、衿がないノーカラージャケット。ジップアップのタイプならデニムやカーゴパンツとも相性がよいですよ。色は黒!
何かを重ねなきゃ、とハイゲージのカーディガンなどは、かなり地味で間に合わせな印象になるのでおすすめしません。

by Naoko

地味な女からの脱却法

Question
1つ、お聞きしたいことがありまして、**私は冬になると「ただの地味な女」になります。華やかに見せるにはどうしたらよいでしょうか。**とても寒がりなので、「タートル+フルレングスのパンツ」にならざるをえないのですが、ほんとうにただの、ただの、地味〜な人になってしまうのが悩みです。さらにその上に、黒のダウンジャケットなどを羽織ると、たとえよいものでも(寒がりなのでモンクレールが手放せません)、まるでおじさんのような格好になります。春夏は、いろんな服に目移りして沢山買うし、おしゃれが好きなのですが、冬になると途端に何も買えなくなってしまうのです。**私の年齢は40歳で、162cm、普通体型ですが、ひざ下は短いほうだと思います。**これからもブログ、拝見します。お時間のあるときに、アドバイスをいただけましたら幸いです。
by parisparisさん

Answer
華やかさを作るには、肌の分量、服の色、そして素材が大切です。冬は肌で演出するのはむずかしいし、色もベーシックカラーが好きな人には無理……。そうなると素材です。すべてをマットな質感でまとめずに、色みは抑えめでも素材をバリエーション豊かに重ねてみてください。例えば、カシミアのクルーネックのニット×フラノのパンツでは地味になりますが、ニットの下にシルクのシャツを着て、衿とカフスを効かせたらぐんと華やかに。タートルネックにフルレングスのパンツなら、胸元に長めのバロックパールを。何か1つ違う素材を加えるだけでだいぶ違うはずです!
by Naoko

ヘアと服のバランスは?

Question
大草さんの装いって、衿のあきや立ち上がり具合、色も全体のボリューム感も素敵☆　色白の私にはムリなのかなあ〜。でも参考になります!　**ヘアスタイルと服とのバランスのポイントも教えていただけると嬉しいです**(ロングウェービーなのでほとんどオールバックのポニーテールなんですが)。
by チェルシーさん

Answer
ヘアスタイルと服のバランス……。髪の色や、着る服の色にもよりますが……。私の場合、**基本は、首が詰まっているもののときは髪を垂らして、衿元があいているときには結ぶことが多いです。**といっても、毎朝誰かさんを怒ったり、誰かさんのオムツを替えたりしているので、時間がなくなり、結んでしまいます(>_<)
イメージとしては、タートルだと、首やデコルテの肌が出ていないので「生っぽさ」に欠けるため、女っぽい部分である髪のニュアンスを生かします。
衿元があいてる服、例えばVあきのニットや、3つ目までボタンをあけたシャツなど——は、Vゾーンの「縦のライン」を強調するときれいなので、ヘアはまとめることが多いです。
by Naoko

子供と服は合わせます?

Question
直子さんはお子様とお洋服のテイストが合っているような気がするのですが、やっぱり合わせてらっしゃいますか?　うちの娘はフリフリスカート大好きなのですが、私はシンプル&パンツが大好き。**並んでいてしっくりこないのです。**お洋服を買うときにも悩んでしまいます。大草家はどうですか?
by こじくいさん

Answer
子供服!　私は、自分とは合わせないです。**基本「その子」に合うように。**日南子は、バランスのよいしっかりした骨組みなので、ひらひらは絶対に似合わない!　髪色も黒く、肌も浅黒いので、淡いグレーや淡いブルーがベスト。ママに似ず、脚がまっすぐで長いから、デニムやショートパンツが多いです。リオは、なで肩で女の子みたいな顔。ボディラインは、まったくもってチャーリーそのものなので、彼はチャーリーのような着こなしになります。マヤは、チャーリーのママそっくりで、肌もまっしろ。だから、パステルが抜群に似合います。逆に私が好きなグレーやネイビーは、NG。こんな具合かな。
その子に合ったおしゃれがいちばん。そう思います★★★
by Naoko

子供がいておしゃれできない!

Question
私は、2歳児との格闘で、格好はというと毎日デニムとニットの日々。そんな私に、先日主人が「この雑誌のような格好をしてほしい……」と差し出したのが『Grazia』です。さっそく大草さんの著書も購入しました。**150cm以下の私ですが、なんとかおしゃれになりたいですが。。。**
by こじくいさん

Answer
魔の2歳児!　お察しします(^_^;)
でも素敵なご夫婦ですね。いただいたコメントのことを夫に話したら、「男は子供にかかりきりの奥さんに自分も見てほしいんだよ。少し自分のことも考えて、いつもと違うおしゃれをしてくれるだけでいいんだ」とのことでした。ご参考までに(^_^)v
洗濯機でガンガン洗えて、どこか女性らしく、しかも着心地は◎ということで、ジャージー素材の膝上ワンピースにレギンス。もしくは、淡いブルーのボタンダウンシャツにチノパンをロールアップなんてどうでしょうか?
私達の人生の経験すべてが、今のおしゃれをつくります。時間もキモチの余裕もない中、大好きな旦那さまの顔を思い浮かべて、**トップスだけでも着替えて帰りを待てば、きっと自分のキモチも少しほぐれるかも(*^o^*)**
by Naoko

ブーツイン成功の法則

Question

ブーツを履くときももの太さが気になります。大草さんのパンツスタイル、大好きです。大草さんのようにデニムをブーツインしてはいてみたいのですが、**ももの太さが強調されるような気がして挑戦できずにいます……。このスタイリングで、腰まわりと太もものムッチリ感を感じさせないためのコツはありますでしょうか？**　トップスのシルエットや丈、ボトムスの素材やサイズ、ブーツの丈や太さなど、選び方を具体的に教えていただければ嬉しいです。

by Mrs. Aさん

Answer

ももが張っている人は、トップスにボリュームをもたせて脚に視線がいかないようにするのがいいかもしれません。あとワタシなら、ブーツインではなく（←デニムは逆にももにある程度ボリュームがないと格好よく着こなせないので）、ももから裾にかけてのラインをきれいにつないでくれる、ややブーツカットのシルエットを選びます。

でも、「やっぱり今年はブーツイン！」なら、**脚のシルエットをくっきり出してしまうストレッチが強く効いているボトムスではなく、ちょっと硬さのある、例えばリーバイスの501とかを選びます。**あと、ももの部分が色落ちしているものだとももが細く見えますよ！　(b^ー°)

by Naoko

デニムの裾って？

Question

私はあまりデニムをはかないのですが、最近欲しくなり、大草さんの記事を参考に、まずはストレートデニムを購入してみました。ただ、**ロールアップするとどうもイマイチな気がする**のですが、**ストレートデニムのロールアップは今はNGでしょうか？**

by umaponさん

Answer

ストレートデニムは、ワタシもモデルさんに散々着てもらい気がついたのですが、裾は下ろして着たほうがキレイにはけます。ただ、ロールアップするなら、ボーイフレンドデニムのように裾を2〜3回折り返すのではなく、**思い切って膝まで、それも折り返すのではなく、ぐぐっとたくし上げるのがいいと思います。**

by Naoko

ショートブーツのバランス

Question

ブーツが欲しいのですが、一番使えるのはやはりロングブーツですよね？　ショートブーツもかな〜り気になりますが、**どうもスタイルが悪く見えるようで……。ショートブーツとボトムスとのよいバランスがあれば教えてください。**

by ロミィさん

Answer

ショートブーツのベストバランスですが、絶対に守りたいのは「細い脚」。ワタシはデギンスやレギンスでほっそりした下半身をつくり、逆にトップスはボリュームをもたせます。すると下半身はより細く見えます！　もしくは、ボーイフレンドデニムのようなゆとりあるボトムスには、タイトなトップスを。このバランスがよいと思います。

by Naoko

タイツの色はどうしたら？

Question

質問というか、悩んでいるんですが、大草さんがはかれているようなカーゴパンツは、私も好きでよくはくんですが、**バレエシューズを合わせたときに素足ではく根性がなくて（笑）。**タイツやソックスを合わせようと思うんですが、**タイツの色は靴に合わせたほうがいいのか？と悩みます。**やっぱり気合！で素足ですかね？

by k-umiさん

Answer

カーゴとバレエシューズはワタシも大好きな組み合わせ。夏はパンツをロールアップして足首を出して……が理想です。でも、冬は我慢して素足はやめましょう……、風邪をひいたら困ります。

オススメはグレーのソックス。①肌がほのかに透ける薄さ。②ニュアンスがある杢グレー。③少したるませてはけるように、タイツよりソックス。④細いリブが入っていると理想的です。

by Naoko

雨の日の服選び

Question

雨・風だと、どうしてもオシャレに限界があります。でも、**雨・風でも大好きな服が着たい!** そんな**悪天候でも心配のない素材の服や靴、洋服選びのコツなんかを、ご指導ください!**

by Rockwell さん

Answer

雨の日は、レインブーツからスタートします。靴→水はねの気にならないボトムス→トップスといきます。バッグは、小雨のときはあまり気にしません。大雨だと、肩にかけられるもの。素材はレザーではなく、ゴヤールみたいな水じみができないものが多いです。キャメルのレザーとかはぜったいダメ!! シミがすぐにできてしまいます。

by Naoko

レースのインナーは?

Question

ジュエルチェンジズのトップス。ネットで同じものを購入しました〜。で、こういう**レースの部分が多いトップスのインナーはどうしてますか〜〜?** いつもインナーに悩むので、教えていただけると幸いです。

by さやかさん

Answer

このトップスに合わせるインナーですが、こんな繊細なレースに合わせていい色は、黒のみ! 肌色やグレーでは生っぽすぎ、白は悪目立ちするし、色っぽさゼロ。ワタシは、レースや飾りのないブラジャーのストラップを見せるのは全く気になりませんが、肩紐が細めのシルクのキャミソールを合わせてもよいと思います。ベージュは下着然としているので、避けたいところ。黒ではなく、ネイビーなら、ブラウスの清潔感を残して着られると思います★ トップスが白の場合は、グレーや淡いスモーキーピンクなどがいいのでは?

by Naoko

外国人のような素敵さを!

Question

大草さんのスタイルは、いつもパリやミラノの街角スナップのような、こなれた着こなしですね。素敵〜。私は雑誌の外国人スナップが大好きですが、彼女らの装いは**さりげないのにパッと振り返りたくなるような魅力にあふれてます。**日本人のスナップも好きですが、なんとなく、ブランドや、流行りのアイテムが前面に出ていて、力が入りすぎてる印象。**両者の違いはいったいどこにあるのでしょうか?** 大草さんはどんなふうに違いをとらえてらっしゃいますか?

by まあたいさん

Answer

そうなんです! **それはワタシが自分で服を着るときも、モデルさんに着てもらうときも、永遠の課題です。**日本人が着物を脱いで、日常的に「洋服」を着るようになって、たかだか何十年。欧米の「洋服」の歴史とは、比べ物になりません。シャツの衿の立て方や、袖のまくり方、パンツのシルエットの選び方など、100回やれば、その分上手になる……と思っています。こういう細かい着こなしは、「訓練」だと思うからです。だからこそ、**おしゃれになるには、服を買えばいい……ではなく、1枚のシャツを、1枚のスカートを、たくさん着てみる、いろいろなコーディネートを試してみる、ということしかないと思うのです。**その「訓練」は「経験」になり、そしてそれが必ず「自信」になってくれる。その「自信」が、着る人を堂々と、美しく、格好よく見せてくれると思います。

by Naoko

小柄な人のトレンチは?

Question

早速ですが、トレンチコートを手に入れたいと思っているのですが、**身長が153cmしかないうえに、脚も短め**です:-(探してみてもこれといったのが見つからないのです。どこか、**小柄な人でも着こなせるトレンチコートってどこかにありますか?**

by たみこさん

Answer

小柄な人におすすめのトレンチコートですが、ビューティフルピープルのものが超おすすめです! 仕様はかなり本格的で、サイズは140、150、160とあります(←ブランドのコンセプトが子供とも兼用できる大人服なので)。丈もそんなに短くなくて着やすい一着でしたよ。

by Naoko

レザーJKの選び方

Question

直子さん、図々しくも質問お願いします。今秋こそはレザーのダブルライダースを購入したいと思ってます☆　直子さんのようなフォンタナもいいな～と思いつつ、**私にはお値段が折り合いそうもなく**（泣）。でも、長く使いたいので、吟味して、お値段がはっても自分に合ったものを!と気合だけは十分です（笑）。**ライダースを選ぶ際のコツやオススメブランドを教えていただけませんか?**

by 涼子さん

Answer

レザーは長く使えるアイテム（ニットやコットンは着るごとに基本劣化しますが、レザーだけは味わいを増していきます）なので、できたら投資は必要です!　エストネーションのオリジナルはおすすめです。コスパもよくて、しかもレザーのクオリティが高い!　是非チェックしてみてください。

by Naoko

似合う色の見つけ方

Question

いつも洋服選びで色選びに悩んでしまいます。特に同型で2色展開のお品です。似合う色、好みの色、そして持っている服と合わせやすい色、を考えると試着を何度しても決められなくて困ります。何かコツがあれば教えて頂きたいです。

by ハルさん

Answer

色選び……。難しいですよね。まず「自分が心地よく思う色」をいくつかピックアップ。その上で、友人やパートナーなど、**身近な人に褒められる色をふるいにかけて。**そして最後にそれを着て自分の写真を撮ってみる!かな――(#^.^#)

by Naoko

ストールが欲しいけど……

Question

私は、巻き物が苦手で、なんだかサマにならないというか、とってつけたような感じになってしまい、実際に使っているのは1枚だけです。そんな私でも、コーディネートをぐっと引き締めてくれるストールがあればなぁ、とか、ストールがあればありきたりな感じじゃなくなるかも……と思うことがあります。そこで、**苦手意識があって、なかなかストールが選べない私に、大きさ、形、色、素材などを含めて、上手なストールの選び方を、いくつか教えてください。**

by やすこさん

Answer

ストールは、長さよりボリューム感。そしてボリューム感は、素材で決まります。シルクカシミアなどは、ふわっと薄くエアリーで、首に小さく巻いても、無造作に垂らしてもOK。ブランドは、やっぱりファリエロ サルティがさいこーです★

by Naoko

ボーダーは何色が正解?

Question

大草さん、**ボーダーのカットソーを購入したい**と思います。白地にブラック、ネイビー、ブルーの3色の中でどの色を買えばよいでしょうか?　長袖でコットンです。顔映りはブルーだったのですが、秋も着たいので、アドバイスください。宜しくお願いします。

by ykwさん

Answer

ボーダーですが、カットソーならネイビー×白。ニットならブラウンやベージュ×ネイビーが使えると思います。**定番のベーシックなアイテムは、基本に忠実なほうがカワイイし使えると思います☆**

by Naoko

下着はどうしてます?

Question

質問です。といっても、具体的に洋服の着こなしなどではないのですが……。**普段、ジーンズやピッタリしたパンツをはくと、下着のラインが気になります。**日本ではブラの紐は見えないように気を配る人が多い割に、パンツのラインは気にかける人が少ないように感じます。私の住んでいるアメリカでは、ブラの紐は誰も気にしませんが、とにかくパンティのラインが出るのはみっともないと思う人が多く、Tバックをはいている人が多いです。でも、私はTバックが嫌いなんです。かといって、いつもガードルをはくのも窮屈というか。引き締め効果のあるストッキングをはくことも考えましたが、デギンスの下にストッキングも着心地悪そう。大草さんはどうされていますか?　何かいいモノ、ありますか?

by minomontaさん

Answer

ラインの出ないショーツは、私も探しに探しました。**そして探し当てたのが、アメリカのブランド、ハンキーパンキーです。**総レースのショーツで、締め付けがなく、ノーストレス。カラーバリエーションも豊富で、プライスも◎。全色持っているほどファンです。チェックしてみてください（パンツやスカートのヒップ部分の段差は、スタイルも悪く見えますよね）。

by Naoko

カチューシャってどう?

Question

大草さまのカチューシャ使いがとてもステキで憧れます! 大草さまが**カチューシャをお選びになるポイントは何ですか?** 私は前髪があるのですが、前髪は出さないほうがよいのでしょうか? おでこが広いのがコンプレックスでして……お忙しいところ恐縮ですが、よろしかったら教えてください。

by のはらさん

Answer

絶対に幅が細く、そして平らなこと。悪目立ちさせたくないので、髪の毛になじむ色や柄で、ブロンズなどもおすすめです。私はラフにつけたいので、細かいくしがついていないものが好きです。

by Naoko

おすすめサングラスは?

Question

今日のスタイルも素敵ですね。ちなみにサングラスは以前のトムフォードですか? 他に**オススメのサングラスブランドがあれば教えてください。**できれば凹凸のない完全な和顔にも似合う、あまり高すぎないものをお願いします。

by ロミィさん

Answer

ポイントは、①レンズがグラデーションになっていること。②つるが細く、ちょうどレンズの高さの半分くらいの位置につるがついていること(レンズの一番上につるがついているのは難しいと思います)。③つるにブランドのロゴなどがついていないこと。④眉が隠れる大きさのレンズ。⑤レンズの上のエッジが、外上がりになりすぎていないこと。⑥レンズのシェイプは、丸みを帯びた四角であること(丸いレンズは骨張った、頬骨の高い欧米人にしか似合いません)。

by Naoko

メガネのおしゃれ

Question

私、仕事を辞めて学生になったんです。それまでは、嫌いな眼鏡ではなく、ずっとコンタクトでした。でも、勉強をしないといけない時間が多くて、ほぼ毎日眼鏡をかけています。そしたら、今まで着ていたスタイリングが全部合わないような気がして、何を着たらいいかわかりません。私は髪の長さも直子さんぐらいで、身長も同じ、中肉中背です。「眼鏡をかけて、ネックレスまでしたら重くなる気がするな〜」「髪を一つに結ぶとやぼったいかな〜」とマイナスに考えてしまって。

眼鏡での着こなしはどうしたらおしゃれに見えますか? よかったらアドバイスをください。眼鏡も何色か決めてませんが、服に合うように新しく買い替えようかと迷っています。どんなものがいいですか? 質問ばかりでごめんなさい。

by YUKIさん

Answer

眼鏡、いいなー。うっとり。ワタシ、目が寄りすぎているので、眼鏡をかけると、ケント・デリカット(知ってる?)みたいになっちゃう……。

以前、Graziaでコラボさせていただいたのですが、べっこう調のフレームで、色はやっぱりスモーキーブラウンとか、意外にボルドーとかなじみますよ。**アイメイクの感覚で使うのか、もしくはチークみたいに肌色になじみつつ明るく見せてくれるものにするのか——。**それを考えて、普段よく着るスタイルで試着したほうがいいと思います。ジュエリーを買うときみたいに、全身を鏡で見ることをお忘れなく!

by Naoko

子供とアクセサリー

Question

質問です。子供が生まれてから、ネックレスやフープタイプのピアスがつけられなくなったのですが、大草さんはつけてますか? 今までつけていたので、とっても寂しい感じがするのですが、こんなワタシにアドバイスをいただけるとうれしいです!

by hanyacafeさん

Answer

小さいお子さんがいるとジュエリーは迷いますよね……。壊されてもイヤだし、子供の柔らかい肌を傷つけたくないし……。ダイヤモンドやパールの一粒ピアスや、丸い石を数珠のように連ねたブレスレットはいかがですか? 顔まわりが寂しいと感じるなら、カチューシャなどのヘアアクセサリーもよいかもです。

by Naoko

パールの選び方

Question

パールで質問があります。40歳になり、初めてのパールネックレスを購入しようと考えてます。**ネックレスの長さやパールの色、大きさ**など直子さんのお考えを教えていただけませんか?

by ななさん

Answer

どういう方向性の着こなしかにもよりますが、もしシャツやVあきのニットに合わせてマダムに着たいなら、バロックパールや少し大粒のものがいいと思います(#^.^#) もっとレディに、カジュアルにつけたいなら中間粒の90㎝くらいの長めがいいです。二重、三重にしても★

色は、どの長さにも共通で、「真っ白」はNG。浮きます。グレーがかったオフホワイトがいいと思います。

by Naoko

愛用アクセは?

Question

スキンネックレス可愛いですね。私は今、中間〜長めのタイプをさがしてます。ジュリー・サンドラゥのリーフモチーフ、丸のプレートが良いか……など迷っています。今回、大草さんがブログに書いていらしたビームスタイムのネックレスや、"価格より出会い"という文章にぐっときました(笑)。色々探してみますが、**オススメモチーフがあったら教えてくださいませ。**

by 絵美さん

Answer

いつも小さくて薄いネックレスを、はずすことなくつけています。肌の一部のようにつけるのが好きなので、ワタシ的に、スキンジュエリーと呼んでいます。

ハートにレザーがカワイイネックレスと←ビームスタイムで。スカルもありました(*^o^*)　実はこれで2個目(^_^)v　と、肌に自然になじむグリーンゴールドのhum。1粒のダイヤモンドがついています。ずいぶん前にエストネーションで買いました。伊勢丹新宿店でも売っている日本のブランドです。**スキンネックレスは、スキンというだけあってかなりパーソナルなものです。そのときの自分のバイオリズムや、目指すオシャレの方向性を示すものでもあります。**夏は重ねるオシャレもしづらいので、長めのネックレスでも少し華奢なものでも良いかもですね。ジュリー・サンドラゥはワタシも大好きですo(^-^)o　他にも、定番のクロスやイニシャルも、チェーンが長くなるだけでかなり新鮮!　メダイユみたいなお守り系も気になります。

by Naoko

バレエシューズが欲しい!

Question

バレエシューズでおすすめのブランドがあれば、教えてください。著書には、靴は5万円以上か1万円以下とありましたが、なんせ庶民なもので、なかなか5万円以上というのが手が出せなくて。私の中ではコールハーンやkanematsuがお気に入りです。

by ライハナさん

Answer

おすすめのバレエシューズですが、ワタシがよく雑誌のスタイリングで使うのはフランスのブランド、レペットです。元々、トウシューズを作っていたブランドなので、正直、長時間歩くときは疲れてしまいますが、フォルムはホントに可愛いです。(*^o^*)

あとはユナイテッドアローズ、エストネーションが出しているオリジナルのフラットシューズは、プライスも買いやすくおすすめです。私自身、コールハーンは夫婦で愛用していますし、kanematsuは日本のブランドの中で、最近大注目しているブランドです(^_^)v

by Naoko

セールで成功したい!

Question

セールの心得とは?　セールに行っては、毎回、同じようなものばかり買ってしまったり、反省して、いつもと違うものを、と思って、結局着る機会のない派手なワンピースを買ってしまったり……と失敗を繰り返してしまいます。大草さんは、セールに行きますか?　もし行ったら、どうやって選んでいらっしゃいますか?　教えてください。

by TSさん

Answer

もちろん、私もセールは大好きです!　そして、数々の失敗、取り返しのつかない散財をセールで繰り返した過去をもつワタシが、これだけは、と守っている掟は、2つ。**その1、欲しかった小物を真っ先に手に入れること。**「プロパーで買うにはちょっと高いな」と思っていたものも、セールなら全て割安にゲットできます。でも、コートやジャケットなどのメインアイテムは、サイズや色が「ちょっと違っても」買ってしまうから、そのものズバリのものでないなら、避けたほうが賢明です。だからこその小物!　大体そのシーズンのワードローブやオシャレの方向性が決まった時期(冬なら1月、2月。夏なら7月、8月)には、足りない小物がはっきりとわかっているはず!　だからこそ、足りない小物をセールでゲットしましょう。**その2、セールで狙いたいのは、実はぱっと一目惚れしたもの**(ただし、サイズはもちろん注意深く見てくださいね)。ベーシックで自分のスタイルを支えてくれるメインアイテムは、余程のことがない限りセールでは買いません。ちょっぴりアクが強い、ただし自分のスタイルをこれからもずっと支えてくれるであろう、メインアイテムの「ハズシ」になってくれるようなものは、カワイイ価格で手に入れておくと、驚くほど活躍してくれます。

by Naoko

シャツを素敵に着こなすには?

Question

今日はご相談があるのですが……。大草さんの本を参考に、サックスブルーのシャツを購入しました。衿も小さめ、ボタンは2つあけて、袖をまくって、ベージュのチノパンをロールアップさせて着ました。「とってもかわいい」と満足していたのですが、**電車の窓ガラスにうつった自分の姿を見てショックでした。そこにうつっていたのは、なんと教育実習の先生でした……。**その後、ちゃんとした鏡で見たら、やっぱり教育実習の先生でした。**もっとこなれた感じで着こなす方法**があるのでしょうか? 大きなアクセサリーをすればよかったのかな?とか、バッグに問題があるのかな?とか、もしお時間がありましたら、教えていただけたら幸いです!

by lecoleabcさん

Answer

サックスブルーのシャツ+チノパンで垢ぬける! **確かに難しい組み合わせかもしれません。**この組み合わせで成功するには、実は、まず絶対にテラコッタ色の肌。ただし、もし、白肌さんなら、サックスブルーのシャツには、チノパンよりは、シャツと同じトーンのダメージデニムのほうが格好よく着こなせると思います。髪はキュッとまとめて1つにし、胸元の肌と、足首、手首は絶対に見せて。デニムでもチノでも、ロールアップしたほうがいいかと思います。靴はドライビングシューズも格好いいですが、日本人は、ヒールがあったほうが、堂々と見えます。そしてアクセサリーやジュエリーは、「本物」をつけましょう。

by Naoko

ネックレスの重ね方

Question

はじめまして。いつも素敵なお洋服で参考にさせてもらっています。洋服はもちろんジュエリーの重ねづけもステキです! **私もネックレスのレイヤードをぜひしてみたいです。長さなど選ぶポイントがあれば教えてください。**

by lillyさん

Answer

小柄さん〜平均身長くらいまでなら、45cmに70cmくらいのレイヤード。背が高い人なら、そこに90cmとかを重ねてもいいと思います。ただし、他の方のご質問にも書きましたが、**ベストバランスは人それぞれ。顔の印象や体つきで、まったく変わるものです。**ご自分で、全身の鏡でチェックをし、自分が最もきれいに見えるつけ方を研究してくださいね★ その経験が、あなた自身の宝物になると思いますよ。

by Naoko

ポロシャツとパール?

Question

ポロシャツ×パールネックレスの組み合わせに目から鱗でした! 大人のお洒落ですね〜。是非まねっこしたい〜! そこで質問なのですが、私は**首が短いのがコンプレックス**なのですが、そんな私でもこのコーデは大丈夫でしょうか? Vラインにあけた首元をパールで区切ってしまうと、より短く見えてしまわないでしょうか? アクセ使いもお上手な直子さんのお知恵をお貸しくださると嬉しいです!

by tsuki さん

Answer

首が短い人でもいけますよ! **ポロシャツのいいところは、ボタンでVゾーンを自在につくれること。**2つあければ深いVのラインができて、首元がすっきり見えます。そこにパール。少し小粒のものなら、首と上半身を分断することなく、きれいになじんでくれます。**ポロを大人にするのは、やっぱりパールです!**

by Naoko

ベルトの巻き方は?

Question

ボーイフレンドデニム+比較的タイトなトップスを外に出して着る場合、ウエストはどうすればよいのでしょうか? デニムを少しぶかっとさせてはくのが好きなのですが、**ベルトをしなければずり落ちてきて脚が短く見えますし、ベルトを締めるとウエストがもたついてしまいます。**よろしければアドバイスいただけませんか……?

by Mrs. aさん

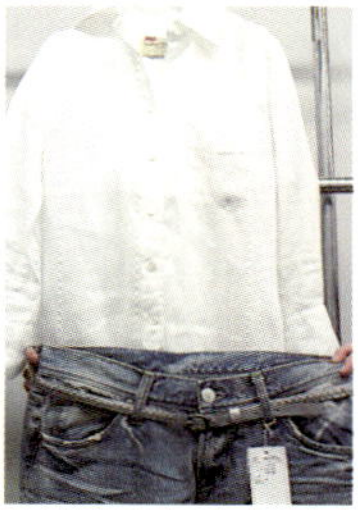

Answer

ボーイフレンドデニムやカーゴパンツ、タックの入ったテーパードパンツなどの旬のパンツは、ラインがゆるく、リラックスしたモード。。。では、それに合わせるベルトって? せっかく作ったリラックスしたシルエットを壊したくないけれど、ノーベルトではだらしなく見える……。というわけで、**細いベルトがおすすめです。**シルバーやブロンズ、色で上半身と下半身を分断しない、なじみ系の色ならベストです。太さは、ベルトループの半分以下の細めが◎。

by Naoko

ワンピのインナーって?

Question

マキシワンピース、とっても素敵です！　以前からお聞きしたかったのですが、こういった**胸元が大きくあいたワンピースを着るとき、インナーはどうされていますか？**　過去記事でもこういうタイプのワンピースを着用されているのを何度か見ていて、いつも思っていたのです。よろしかったら教えていただけないでしょうか？

by ayumiさん｜2010.4.24｜

Answer

マキシのワンピースのインナーですが、私は胸のあきとか気にしないので、かなり深いですがそのまま着てしまっています。胸の位置が低く、谷間が見えない(あ、谷間ないけど。あ、余計なインフォメーションでした)。デコルテも長年の日焼けで、ダークカラー、しかもそばかすがいっぱいなので、あまり生っぽくならないんです。

ただし、**胸が大きい人や気になる人は、細リブのタンクトップ、グレーがおすすめです。**スリードッツとかにありますよ。あと、けっこうセレクトショップのオリジナルでも◎。

by Naoko｜2010.5.6｜

小柄でマキシ丈……?

Question

大草さんのブログでよく、マキシ丈のスカートやワンピースをお見かけします。**私は背が157㎝しかないので、似合わないだろうな**って思って購入したことがありません。**小柄な私でもマキシ丈の服を合わせる工夫ってありますか？**

柄のないものでシンプルなものを選択、とか、アクセサリーをどうする、とか、鞄は小さめとか、髪はスッキリとアップにする、とか。ド素人的な質問ですみません。教えていただけると助かります！

by Rockwellさん｜2010.4.24｜

Answer

小柄な方でもマキシはいけると思いますよ。ただし、髪はタイトに。これがいちばん大切です。ニコール・リッチーの着こなしを参考になさってください。**ヘアを小さくまとめて、胸元は抜け感を出し、ロングネックレスかストールで縦のラインを強調する。そして靴は絶対フラット！**　トウが大きくあいて、素肌が見えるもの。大股で歩けることが条件です>^_^<

by Naoko｜2010.5.6｜

カフタンシャツの着方

Question

いつも素敵なコーディネートを楽しみにしています！　Graziaでのスタイリングも勿論大好きですが、ブログでの大草さんご本人のリアルなお洋服がまた素敵で……☆　先日、ずっと素敵だなぁと思っていたカフタンを真似して購入してみたものの、**私が実際着ると、どうも胸元の切れ込んだあきのバランスが上手くとれずに、大草さんのようなカッコよさがでません……！**　インナーやアクセサリーとのバランス等々、コツがありましたら是非アドバイスをお願い致します。

by kotochinさん｜2010.4.24｜

Answer

カフタンを着るときのアクセサリーの合わせ方や、衿あきの深さがわからない……とのことでした。

カフタンは、そもそも風通しが良いから暑い地域でよく着られているアイテムです。だから理想を言えば、さらりと一枚で着たいのですが、タウン仕様にするには、脇のあきや胸あきが大きすぎるのも事実。よく、デコルテに真一文字にラインがくるようなキャミソール、または白地のカフタンに黒のインナーを合わせたりしている人を見かけますが、おすすめできません。**ワタシがインナーにチョイスするのは、ゆとりのあるシルエットの、細いリブのタンクトップ。グレーやカーキが、カフタン自体の雰囲気にもよく合うと思います。**アクセサリーも、首の長さを分断するようなチョーカータイプのネックレスではなく、60㎝くらいの長いものを。ヘッドは隠れてしまってもいいと思います。粒の大きな、ボリュームネックレスを合わせるのもやめたほうがベター。カフタンの、風通しがよく、リラックスした雰囲気が損なわれます。ヘアはタイトにまとめ、繊細だけれど存在感があるピアスをすれば、きれいなバランスが完成しますよ★　ご参考になれば嬉しいです(≧∇≦)

by Naoko｜2010.5.6｜

ベージュが似合わない!

Question

はじめまして！　大草さんの本を買って以来の大ファンです。実は私、ファッションで大きな悩みが……。**大草さんがいつも提案されているカーキやベージュが全く似合わないのです。**顔がぼやけたり、元気がなさそうに見えてしまいます。逆に褒められるのが、深紅や黒、白、パープル、ロイヤルブルーなどを着たときです。でも、流行りのベージュグラデやミリタリー系を着たいんですよね。**似合わない色とかは、潔く諦めるべし！でしょうか??**

by さやかさん｜2010.4.24｜

Answer

カーキやベージュを着たい！　ということですが、はっきりとクリアな色がお似合いになるようなので、カーキはネイビーと、ベージュは黒やダークグレーと、というようにダークな色と組み合わせてみるのが良いと思います。ライトカーキ×ベージュ×ライトグレーといった、**トーンが近い色同士を組み合わせるのは、髪や瞳の色が明るい欧米人には似合いますが、髪も瞳も黒い日本人には、少し難しいかもしれません。**そしてダークな色も、先程紹介したネイビーやチャコールグレー、黒などのいわゆる冬の色がいいと思います。ブラウンではなく。ご参考になさってくださーい。

by Naoko｜2010.5.6｜

デカ足に合う靴は?

Question

こんにちは。**靴選びについて質問させてください。**私は長身で細身なので服選びには困りませんが、**最大の悩みは足が大きいこと**です。いつも靴がきまらない。日本のブランドであれば25cmか25.5cmですが、海外、特にイタリア製のものは26cmでも苦しいのです。でも欲しい……。東京に住んでいればいろいろ試着して買えますが、地方だと通販に頼ってしまうことになり、失敗と後悔の繰り返しです。何かおすすめのブランドがあったら教えてください(海外ブランドのほうが大きいサイズがあるので、幅の広い靴があったら知りたいです)。

by tatata1さん | 2010.4.24 |

Answer

大きめサイズの靴、しかも横幅がゆったりしているものとのことでした。

欧米の靴は基本的に幅が狭く、厚みも薄い靴が多いです。ただし、もちろんデザインや素材などカワイイのが多いですよね……。

ワタシの友人で25cmサイズの子は、アメリカのコールハーン、ナインウエストをよく買っていました。イタリアのブランドよりお値段も手頃で、幅もそこまで狭くない、とのことでした。ご参考までに。

by Naoko | 2010.5.6 |

買い物ができない!

Question

大草さんのご本を読みブログを拝見し、シンプルなおしゃれをしていた自分が、単に「地味な人」だったと気づいてしまいました(涙)。おしゃれ魂に火がつき、**お洋服を買いに行くものの「これ!」と思える物に出会えず、何も買えずにいます。**半年買わずに……は、今の私には待てません(笑)。こういうときはどうしたら or 何を買ったらよいのでしょう?

by cocoさん | 2010.4.24 |

Answer

何を買ってもしっくりこない、おしゃれの意欲はあるけれど、何を買っていいかもわからないとのことでした。

そんなときは**ベーシック、そして質の良いものを手に入れてみてはいかがでしょうか?** 例えば上質な白いシャツ。ラルフ・ローレンのようなトラッドなタイプでも、オリアンのようなヨーロピアンの匂いのする、シンプルリッチなものでも★ 衿や袖のあしらいでイメージが変えられるし、どんなアイテムとも相性がいいから、だからこそ、着方やコーディネートをつきつめて考えられると思うのです。あとは、ファリエロ サルティのもののようなカシミアのストール。一枚あれば、シンプルなニットやTシャツが見違えます。**迷っているときは、暴力的なまでのスピードをもつ流行の服やファストファッションから、少し距離を置くことが大切だと思います。**

by Naoko | 2010.5.6 |

ファストファッションってどう?

Question

私は大草さんと同世代なのですが、学生時代にファストファッションというものがなかったせいか、今の自分のファッションにどう取り入れたらいいのかがわからないのです。**どうしても「安かろう、悪かろう」と思ってしまいます**し、また値段以上のものを見つける審美眼も持ち合わせておりませんので、手が出ないのです。ただ、ファストファッションをうまく取り入れられれば、経済的にもとっても助かりますし、また逆にハズシでおしゃれに見えるのだろうな……とも思うのです。**ファストファッションは「ワンシーズン限りと割り切って買う」、という答えが正解なのでしょうか?** 大草さんのご意見をぜひお聞かせください。

by keyさん | 2010.4.24 |

Answer

ZARAがファストファッションかはわかりませんが、私が一番よく行くのはZARAかもしれません。よく買うのがTシャツやリネンのシャツ、コットンのカフタンなど。

ワタシ自身はブランドの名前で服や小物を買うことはほとんどありません。それはZARAでもクロエでも同じこと。Tシャツも色がとにかく気に入ったので買いました。リネンのシャツも色出しが美しく、ざらりと粗く織られたカジュアルなリネンが好きだから。真夏にあえてリネンの長袖を着るので、汗とかを気にしたくない、というのもあります。

私はどんなブランドでも、週に何日着るのか、どんな状況で着るのかなどを考えて、その価格が適正かを判断するようにしています。ファストファッションの対極にあるブランド、キートンもかなり長い期間着たいムートンは買いますが、汗じみが気になるリネンのブラウスは買わない……、というように。

きっとその判断基準も人それぞれだと思います。**どんなブランドとも自分なりの距離をもってつき合えたら素敵だと思いますね☆**

by Naoko | 2010.5.6 |

白い服のお洗濯

Question

夏の白い洋服は、汗じみがつくのが気になって恐る恐る買い、買ってもなかなか日常的に着ることができません。**白い服の最大の魅力である清潔感を保つために、大草さんはどのようにお洗濯されていますか?**

by ンゴロさん | 2010.4.24 |

Answer

白い服! ワタシも日焼けがマックスになる夏にはよく着ますが……まず高いものは買いません。いつも汚れるのを怖がっていたくないし、着たらもちろんクローゼットにかけておくだけで汚れるものなので……。ワンピースなどちょっとスペシャルなアイテムはすぐにクリーニングに。そこにかかるコストも考えて購入価格を吟味していますo(^-^)o

家で洗うときは絶対に白いものだけで洗濯。ベージュやパステル、淡い色といっても他の色とは交ぜません。そのときに使う洗剤は、アメリカのブランド、ザ・ランドレス。白い服専用の洗剤があります。香りがよくて、成分もオーガニックではないですが、よく考えられていますよ。

by Naoko | 2010.5.6 |

Chapter III

私は私――。その理由

毎日のできごと、そして感動が、
「あなた」を作っているのです

いつもあなたをワクワクさせてくれる
言葉や、人や、街。
いくつくらいありますか?
特別なことでなくていいんです。
周りにある小さな感動の種を、
ぜひ見逃さないでください。
それも、おしゃれを前進させるのに、
とても大切なことだから。

私を刺激するいくつもの出会い。
その一部を紹介します

Chapter ⅠとⅡを読んでいただいたら、あなたのおしゃれはあなただけのものであり、そのオリジナリティが、最大の魅力であることに気づいていただけたはず。そして、そのチャームを生かす、具体的な術《すべ》も。それがわかれば、スタイルは確かなものになり、そしてこれから目指す方向性もクリアになる。そうです。ここまで進めば、おしゃれは、ほぼ形になりました。

最後、Chapter Ⅲでは、私をいつも刺激してくれるブランドや、何年も前の記憶、そして、きっとこの先ずっと覚えているだろう言葉など——。そう、私にしかない、インスピレーションの源を見ていきます。あなたも、ぜひ、あなたにとってのおしゃれを導いてくれるものを、思い出してみてください。

例えば私のケース——。今も「おしゃれの先生」と敬愛する、雑誌『ヴァンテーヌ』の元編集長。今回、ご縁を得て、お話をお伺いしています。編集部に在籍していたときに出会った、彼

女の言葉、コーディネートの法則、そして仕事に対する姿勢などは、いまだに私を勇気づけ、そして叱咤してくれる——。こんなキラキラした記憶って私の財産。そしてもちろん、あなたにもあるはず……。

また、毎シーズン、新しいコレクションが発表されるたびに、ワクワクしてショップに足を運ぶ、大好きなブランド「ウィムガゼット」。偶然出会って、今や私の定番ブランド。同い年のデザイナーが選ぶ、大人を美しく見せる色や素材、デザインは、「新しいスタイリングがしたい」と、さまざまなアイデアを常に運んできてくれます。こんなエキサイティングな存在、あなたにとっては何ですか？

これからも、おしゃれをやめずにずっと歩き続けよう……。そう思えるファクターをたくさんもっていればいるだけ、あなたのおしゃれのクオリティは少しずつ上がっていくと思うのです。私の例を参考に、ぜひ、あなた自身のインスピレーションの源を見つけてください。

Respect ～私のおしゃれのベース～

私も、おしゃれも変えた、一冊の雑誌『ヴァンテーヌ』

大学の生協で、何気なく手に取った雑誌が『ヴァンテーヌ』でした。女子大生向け雑誌をつまみ買いしていたその頃の私。おしゃれは大好きだけれど、まだまだトライ＆エラーを繰り返していた頃。そんな時に出会った一冊の雑誌が、その後の運命を変えるとは思いませんでした。大げさではなく、リアルに——。

1990年代前半は、バブル経済の余韻がいまだに残っていた時代。もちろん雑誌でも、ブランドの特集が大々的に組まれ、登場する読者モデルも、それはそれは華やかでゴージャス。羨ましいな、と思いつつ、どこか心の片隅で、本当のおしゃれはそこにあるのかな……、と感じていたのを思い出します。

だからこそ、『ヴァンテーヌ』が提案していたファッションは斬新で鮮烈。「本当のおしゃれとは、わかりやすいブランドのバッグで語るものではなく、その人に宿る知性や清潔感、そして豊かな内面を表すもの——」こんなことを言ってくれる雑誌なんて、他にはなかった！　大げさだけれど、私は一冊の雑誌に「深く受け入れられた感じ」をもったのでした。認められている、と言ってもいいのかもしれない——。それは、大きな安心感となり、その日から私も私のおしゃれも、大きく変わりました。

残念ながら2007年に休刊になりましたが、その魂は気づくとも気づかなくとも、確かに私の中にあり、きっとなくなることはない——そう思っています。

“ヴァンテーヌ”って、こんな雑誌でした

見出しを考えるのに、2時間かかったことも。写真だけでなく、言葉の力を信じていたから。

印象に深く残っている表紙の一つ。シアーなメイクとロゴのシルバーの組み合わせがシック。

小山さんが「お気に入りの一つ」とおっしゃったカバー。ノーブルな表情が強い。

ふんわりと巻いて、ふんわりとまとめる――ワンレン全盛の時代に、こんなヘアを提案。

内面にまで切り込んだ特集が多かったのも特長。ファッションとカルチャーの融合テーマ。

素材、色、輝き。すべてを計算した顔まわりのコーディネートは、書店でも、静かに目立っていた。

私の〝おしゃれの先生〟

『ヴァンテーヌ』元編集長、小山裕子さんに今、伺いたいこと

今回、この本を出版するにあたり、私の中でどうしてもはずせなかったのが、『ヴァンテーヌ』という雑誌の存在。当時一世を風靡していた『25ans』の妹版として創刊されたこの雑誌は、〝20代〟という意味のフランス語を誌名に掲げ、ファッション、ビューティ、そしてカルチャーを総合的に提案していました。バブル経済を謳歌していた、華やかでゴージャスな女性たちのおしゃれとはまったく違う、地に足のついた、ややもすると地味になりそうなスタイリングを、美しく丁寧な写真と言葉で解説してくれていたのです。大学生のときにこの雑誌に出会ったことで、私はその後、生き方までもが変わりました。ラッキーなことに『ヴァンテーヌ』の編集者として働くことができた数年間は、すべて、今の私の仕事とおしゃれのベースとなり、財産となっています。あのときの経験やストーリーを書かずしては、きっとこの本は完成しない——と、当時の副編集長、小山裕子さんに、「もう一度『ヴァンテーヌ』のコンセプトをお聞きしたい。実は、それが、今の私の土台になっているのです」と切り出しました。ある暑い日、ゆっくりと当時を振り返りながら、今は仕事をリタイアされて、静かな生活を送る小山さんから、お話を伺うことができました。

　私にとっての〝おしゃれの先生〟、もしくは〝お母さん〟と言ってもいいのが、『ヴァンテーヌ』元編集長の小山裕子さん。もちろん、当時はボス、今では幸せなことに、時にお食事をご一緒させていただく仲ですが、実は、『ヴァンテーヌ』の話を深くするのは、今回が初めて。

　まずは、きっとこの本を読んでくださる方の中にもいらっしゃるだろう、『ヴァンテーヌ』ファンを代表して、最初に聞きたかったこと。そう、先のページでも書きましたが、初めて読んだときに感じた安心感。受容されている感じ。「あなたは

あなたでいいのよ」と肩を抱かれている幸福感。これは、今、フリーランスのエディターとして働く私自身が、いつもそんなふうに読者の方に思っていただけるページを——と、自分の課題として胸に留めていることですが、まだまだできているとはいえません。これはどこからくるものだったのでしょうか？まずは、どんな思いで創刊されたのかを伺いました。

「創刊は1989年の秋。その頃おしゃれのメインストリートを歩いていたのは、ボディコンに身を包んだ女性たち。でも編集部では、そんなボディコンファッションに違和感を覚えている女性もいっぱいいるはず、と考えていたの。賢くて努力家で、しっかり生きている。私は、そんな素晴らしい女性たちが、ボディコンの女性の隣に立った時に、負けないほど素敵でいてほしかった、〝おしゃれ〟という手段で。実は、こんな思いがあったのよ」

さらに、読者を〝受容する〟ことについて伺うと——。

「20代、30代の女性って、とても忙しい。仕事だって思い通りにいかないことはあるだろうし、年齢的な迷いもたくさんある。けれどね、みんな何があっても前を向いて生きていかなくてはならないの。だから、彼女たちが自分で自分を〝うん、なかなか素敵よ〟と客観的に評価できるようになれば、いろんなことに自信が持てるし、きっと変わっていける。そして、それは、〝おしゃれ〟で可能なんだ、と知らせたかったの」

このコンセプトは、実に多くの読者の心をつかみ、その人たちと同じように、私はここに居場所を見つけたのでした。その後、さまざまなＬＵＣＫとご縁をいただき、私は大学卒業後、『ヴァンテーヌ』編集部に配属になり、小山さんと出会いました。これは、ご本人にもよく申し上げるのですが、私にとって人生における大きなギフトの一つ。生まれたばかりのひな鳥が、初めて見たものを親だと思うように、社会に目を向け最初に出会った小山さんのおしゃれや仕事への取り組み方は、今でも私を導き、そして時に戒めてくれる大切な記憶になっています。それは、小山さんの毎日のスタイリングだったり、折に触れて話してくださった、美しい色合わせや素材の組み合わせ方、そして、お話しになる際の言葉の選び方までも。余談ですが、当時の小山さんは、まさに〝歩くヴァンテーヌさん〟といったイメージ。たっぷりとしたカシミアのベージュのニットに、白のコットンピケの衿とカフスを効かせ、チャコールグレーの細身パンツを合わせて……。きゃしゃな紐靴をコーディネートされていたでしょうか――。夢にまで見た雑誌のワンシーンから抜け出したような装いを、毎日間近で見ることができる。それだけで、オフィスに行くのが楽しかったのを思い出します。

そして、もう一つどうしても伺いたかったこと。『ヴァンテーヌ』の表紙に書かれた、〝考えるおしゃれ〟というキーワード。今も、時々私の意識をかすめる、この言葉の意味。残念ながら、当時その雑誌で働いていたときには、目の前のことに精一杯で、深く掘り下げられなかったこの言葉。実は、いまだにそれが、私の中で大きな後悔となっているのです……。もしあの頃、この言葉の意味をしっかり自分のものにし、毎月のページを作っていたら、私のおしゃれも、そして仕事人としての力量も、もっと進化していただろう……と。そこで、小山さんにそのことをお伝えし、改めて〝考えるおしゃれ〟の意味を伺ったところ――。

「『ヴァンテーヌ』が訴えたかったのは、毎月、雑誌に掲載する服やバッグなどの商品情報ではなくて、それらの見方、選び方、自分に合った使いこなし方を上達しましょう、ということだったの。おしゃれは、知性も感性も総動員して〝考えること〟なんですよ、って。流行や常識やマニュアルにとらわれないで、色使いのことも素材のことも、最初から真剣に考えてみましょうよ——そして例えば、ベーシックなブラウンやグレー、ネイビーを土台にしたスタイリングを丁寧に繰り返すことで、きっとおしゃれは上達できる。そう、〝必ずできますよ〟——というメッセージだったの」

「あえて、私達と共通点の少ない外国人のモデルさんを起用したのも、コーディネートの展示のように見せたかったから。そのほうが、自分だったらどう着こなすかイメージしやすく、客観的に考えやすいのでは、と思ったからなの」

こうして今回、改めてお話を伺い、当時の、奇跡のような出会いと経験に改めて感謝するとともに、私が今「大切にすべきもの」がはっきりとしたのでした。５年弱という短い時間でしたが——そう、今や、フリーランスで働いている年数は、その倍以上になってしまったのですが——。あの期間、毎日無意識に自分自身に言い続けた、丁寧で読者に寄り添ったページ作り。そしてまっすぐ届く言葉選び、また、仕事に真摯に取り組む情熱——やっぱり、これを決して忘れてはいけない、と。仕事を続けた先にある私のゴールは、卓抜したセンスを手に入れることでも、有名なブランドと大きな仕事をすることでもないのだから。

残念ながら、今はもう、毎月見ることができない『ヴァンテーヌ』という雑誌は、それでもなお、私の道を照らし続けてくれる。今でも親友のような存在——この先も、きっときっと〝彼女〟を大切にしよう、そう思うのです。

Words ～素敵な言葉に囲まれて～

きっと永遠に私の宝箱にある
キラキラした「言葉」

“ミラノの女性は、色やデザイン、
素材で流行は語らない。
パンツの丈が１㎝短いか長いか
――そんなささいなことが大切。”

――吉田孔美（ラ・フォンタナ・マジョーレ）

“子供は、存在自体が甘くてフレッシュ。
ネイビーやグレーが、
最もきれいに引き立ててくれる”

――芦田友子（ジュン アシダ副社長）

“ジュエリーを買うときは、
それがピアスであっても、
必ず鏡で全身をチェックして”

――長澤 瑞（MIZUKIデザイナー）

“一日10時間以上そのことを
考え続けない限り、
仕事はあなたに報いない”

――レイチェル・ゾー（スタイリスト）

“香水をつけない女性に、
未来はない”

——ココ・シャネル(デザイナー)

“旅の風景や、父親からもらったおみやげ。
小さい頃の記憶が、あなたのおしゃれをつくる”

——イザベル・デュプレ(フリーランススタイリスト)

“分不相応が、
いちばんみっともない”

——母・大草美枝子

“おしゃれで最も
大切なことは、清潔感”

——小山裕子(『ヴァンテーヌ』元編集長)

“カシミアのミルクティ色の美しさは、
きっとずっと後に、もっと似合うようになる”

——中村三加子(Mikako Nakamuraデザイナー)

“ミュールはプールサイドで履くもの。
街で履いてもエレガントではない”

——谷口秀夫(元テルースデザイナー)

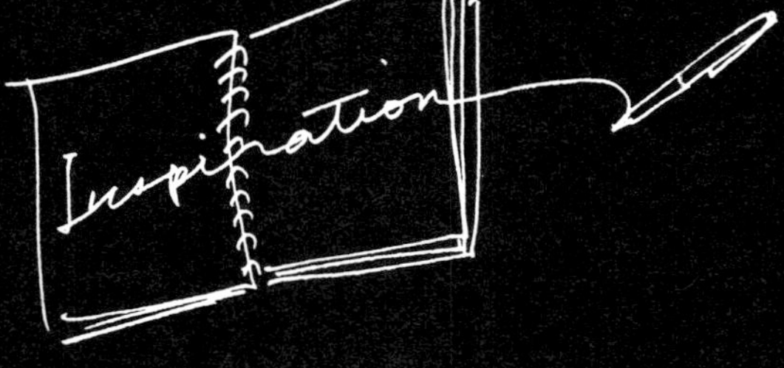

New York

〜いつだって刺激を受けるのは、NY〜

高校生の時からNYは好き。今年、久しぶりに訪れてみると——

　こういうと、皆に驚かれるんですが、「私、定住志向が強いんです」。引っ越しは嫌いだし、外国人の夫がいるのに、どこか海外の街に住みたい——とも、思わない。この東京のはずれで、一生生きていくのかな、と思っています。だからなのでしょうか？　逆に、旅は大好き。３〜４ヵ月の長旅なんて大好物。いつもの環境から飛び出し、現地のビールを飲んだり（キューバに行った時も、ブラジルを訪れた時も、まったく現地の言葉は話せなかったのに、ビールという単語だけは覚えて帰った……）、ビーチに寝転んだりするだけで、本当に心が解放される。一人旅も、何度もしたことがあります。

　この、ある意味「プチ放浪癖」に気づいたのは、27歳。沢木耕太郎の『深夜特急』を読んでから。「30歳を前に、人は、自

ふらりと立ち寄った、
セレクトショップLOOPY MANGO。
世界中からピックアップされた、
聞いたことがないデザイナーの服が
満載。どれも、大人で個性的で、
しかもラインがきれいでした。

タクシーの運転手さんの無愛想さも、
旅の記憶。こんなときこそ、日本人としての、
礼を尽くし、丁寧にお礼を言ったりして。
日本の良さを発見できる。これもまた、旅の醍醐味。

小さな古本屋さんや、
娘（麻矢）と同じ名前の
レストランや。
こうして記念撮影を
しているだけなのに、
通り過ぎるおじいさんは
「エレガントだね」と
ウィンクしてくれた！

NYは、場所によって、歩く人の装いが
一変。もちろん日本でもそうだけど、
その違いを見るのは、本当におもしろい。
個人的には、バーニーズ本店前の、
リッチなスタイリングに、いつも感動する。

分の人生を一度壊したくなる」——というような文章がありました。それが、ぐさりと私に刺さり、南米へ出かけてしまった！　そこでの、サルサ漬けの夢のような日々は、また機会があったら——今回は割愛させていただきますが……。その、南米へのトランジットで滞在したのがＮＹでした。

実は、ＮＹは、特別な場所。ビーチで寝転んでビールを飲むこともありませんが、高校生の時、初めて海外の地の、ファーストステップを踏んだ街なのです。その後何度か訪れています。それも、意図してか、偶然か、何かの節目に行くことが多くて。そして、ここ３〜４年、ずっとＮＹへの旅を計画していたのですが、仕事のスケジュールや、また私が第３子を妊娠、出産したこともあって、「お預け状態」になっていたのでした。それが、2011年、『Grazia』の仕事で久しぶりに彼の地を訪れ、また今までとは違う刺激をもらうことができました。

ＮＹ！　こんなにも、楽しくて、エキサイティングで、たまに腹が立つ場所はない！　冒頭に、どこか別の国に住むことは考えられない——と書きましたが、もしかしたら、ＮＹだけはその考えを翻してもいいかも……、なんて思うほど。ノーリサーチで訪れたレストランだって、ほぼ間違いなく「いいね！」だし、大都会なのに、緑が多くて。ほぼ終日ある交通渋滞にはイラッときますが。そして何より魅力的なのは、来るたびに形を変えるおしゃれのあり方。シンプルで、親しみやすく、何より自由。自由だから、軽やかに変化し続ける。ヨーロッパのファッションが、まるで街角にある歴史ある建造物のように、「口が重く、脈々と伝わるプライドに裏打ちされたもの」であるのとは、まったく違う。アジア人も、ヒスパニックも、アフリカ系

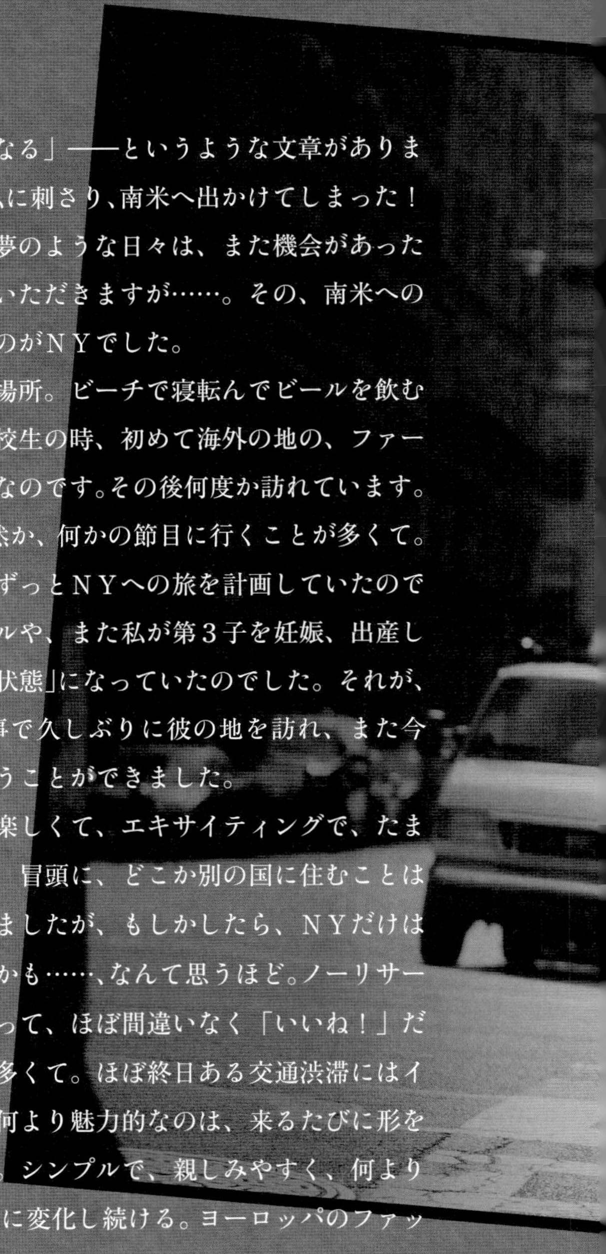

2011年、『Grazia』10月号の仕事で訪れた時に、撮影していただいた一カット。
会いたい人に会って、大好きなブランドの服やバッグをコーディネートし、
写真を撮ってもらう。あんな仕事は、きっとあとにも先にもないと思う。
私のキャリアの中の、大切な一ページ。

OREVER
OREVER 21
PLANET HOLLYWOOD
BURG

Treasure Yourself
in New York!

も、アングロサクソンも。自分の肌や髪や、体型を誇りに、思い思いのおしゃれに身を包んでいる。ここなら、私も「新しいおしゃれ」をまた見つけられるかもしれない。そんなふうに思うのです。

こんなふうに、いつも「あなたを呼び寄せる」街はありますか？　高価なバッグを買うよりも、ブランドの時計を買うよりも。もしかしたら、驚くほどの発見や、経験をさせてくれる旅。少しの時間と少しのお金があったら、すぐにでも旅に出ませんか？　小さなスーツケースに、今の自分と、今の自分のおしゃれを詰め込んで。

Brands ～こだわりあるブランドが、私の支え～

Whim Gazette

ウィム ガゼットのデザイナー・祐宗さんとの爆笑おしゃれ対談

偶然、ふらりと立ち寄った青山のセレクトショップ、ウィム ガゼット。その日から、このブランドの世界観の大ファンになり、今や私のワードローブの大半を占めるほどになりました。ふたを開けてみたら、デザイナーは、同い年。子供もいて、そしてちょっぴり適当で……。私を刺激し続ける秘密を、デザイナーの祐宗摩稚子さんとの対談で探ります!

大草（以下草）：祐宗さん、今日はありがとうございます。いつもの感じとは違う、まじめな仕事の話をさせていただきますからね！

祐宗さん（以下、祐）：え――。（と困る）

草：ではまず、私が最も聞きたかったこと。トラッドがベース、そしてどこか女性らしくてリッチ。こんな素敵なデザインは、どうやって思い浮かべてるんですか？

祐：……。（明らかに困っている）

草：えー、と（笑）。旅とか、古い写真集とか。例えばそういうものじゃない？

祐：いえ、そういうものじゃあないなぁ。空の色とか、おいしい料理とか――そんなところから、ふと思いつく感じ。とにかく39歳の私が着たいものを作る！　このブランドを立ち上げたきっかけも同じだし、それに尽きますね。

草：あ、だから同じ年の私が着たいものが、いつもあるのかしら？　サイズ感や、大人の女性の肌を美しく見せる微妙な色みだったり。ショップに行くたびに、いつも感動するの！　このあたりには、やっぱりこだわってるんですか？

祐：ええ、色にはとてもこだわっていて、既製の生地でそのまま作ることはほとんどせず、思い描いた色になるように染め直したり。デザインは、常にシンプルを心掛けてます。サイズは、実は自分がサンプル。ここを素敵にアピールしたいな、とか、ここはさりげなくカバーしたいな――と、自分に照らし合わせて考えてます。

草：なるほど。でも、そこまで、色やサイズにこだわっているのに、ほかの部分は意外に適当、というか肩の力が抜けてますよね（笑）？　カタログのお仕事を頂いた時、「こんな素敵なブランドだから、きっとデザイナーがあれこれ言うんだろうな」と身構えて行ったら、祐宗さんは何も言わない。実は、とてもびっくりしたんです。

祐：あ、私、あまりそういうところにこだわりはないんです。服を作るときは、自分が着たい――という基準があるから、そこに近づけるようにこだわるし、ベストは尽くします。でも、あとはその服を買ってくださる人、着てくださる人の自由。そこに私の意志やプライドはいらないと思ってます。その人に最もフィットするスタイリングで、楽しんでもらえればいいから！

草：なるほど！　そしてもう一つ、どうしても聞きたかったこと。私も仕事柄、いろいろな服を見るんですが、ショップで服を見て、プライスを見たときに、予想より3000円安い服はよくあるんですが、ウィムの服は、値段を見てびっくり。予想より2万円くらい安いんです！　このプライスについてはどうお考えですか？

祐：えっと、プライスも、私がこの服でこの値段だったら買いたいな――というのがベース（笑）。実は（小さな声で）あまり、採算とか考えていない。ただ、大草さんがおっしゃる通り、予想よりももし安い価格で服を買ってもらえたなら、その差額で、素敵な映画を見たり、ディナーを楽しんでもらいたいとは思ってる。私もそうしたいから このプライスなんです！

草：なるほど―。合点がいきました。また今シーズンもショップに行くのが楽しみです♪

私が、レッドカードのデニムと出会ったのは、エストネーションのプレスルームで。いつも新しいデニムの情報を仕入れてくれる、エストネーションの美女プレスが、「次にプッシュするのはレッドカード」と聞いて。そこにあったサンプルを実際に手に取り、私は一瞬のうちに恋をしました。何ていうのかな、その佇まい。ボタンなどの仕様は本格的なのに、どこか軽やか。ビーチの近くに住む男の子が、5年くらいはきこんだような、自然で好ましいユーズド感。西海岸的な風情——ともいうのかもしれません。

そして次に感動したのが、プライス。ラグジュアリーデニムがまだまだ人気で、3万円以上するのが当たり前という中、そのデニムは1万円台。しかも、できるだけ日本のファクトリーや素材を使っている、というではありませんか！　すぐに購入を決め、ショップで試着をしてまたびっくり。「ユーズド感」は、見かけだけではなく、着心地にも。他のブランドのデニムを最初にはいたときの、「きつっ」という感覚は皆無で、もうずっと一緒にいる「一番古いデニム」みたいな感じ。ごわつきも全くないんです。そうやって感動して手に入れたファーストレッドカードは、今でも私の一番の味方。Tシャツやコットンのシャツはもちろん、紺のジャケットにも、レザーのコートにだって似合ってくれるから。もちろん、その後2本、3本とコレクションは増え続けたのです。

そんなレッドカードは、20年以上デニムの製作やプロデュースを手掛ける、ドクターデニムホンザワ代表の本澤氏が、1998年に立ち上げたブランド。〝デニムの神様〞と言われる氏が、とにかくこだわるのがヴィンテージ感。それは、ただ古びている、ということではなく、「本物である」こと、そして「丁寧に作られている」ということ。日本のブランドだけあって、はいた時のフィット感やレングスは、私たちにパーフェクト。ダメージの具合や、膝の裏の色落ち部分の位置まで——それはそれは愛情をかけて作られたデニムは、ショップの試着室ではいた瞬間に、その愛を着る人に分けてくれる。と、ここまで書いて思いました。いつだって、私が惹かれ、共感するのは、これだ！と。デニムであろうと、私が日々向き合い、情熱と時間をかけて作っている雑誌のページだろうと。「プロダクト」に触れてくれた方ひとりひとりが、そこに「自分に対する」愛情を感じてくれるように——そう思って「つくっている」ことに変わりはなく、それが、私がレッドカードに深く共感する理由なんだ、と。持ち味は、独りよがりやファンタジーではない、地味で実直な。「そうだそうだ」と納得し、居ずまいを正し、この原稿を書いています。もちろん、レッドカードのデニムをはいて。

RED CARD®

レッドカードのデニムに見た、Dr.本澤のプロ意識。ページ作りにも通じる、私を感動させる熱さとは?

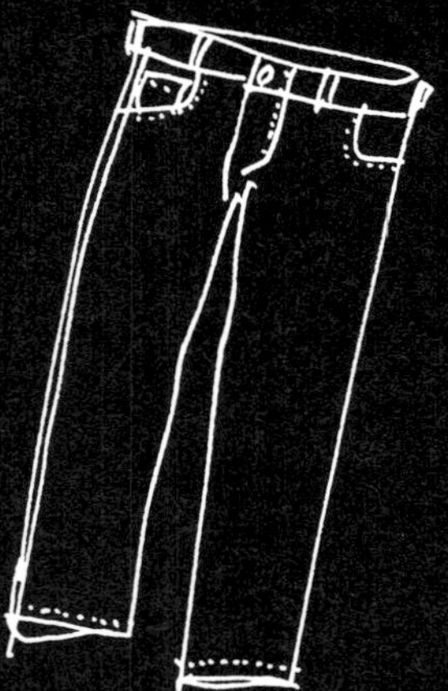

デニムの神様こと、本澤祐治氏が作る、ジャパンメイドのジーンズ。
本格的な仕様の男の子フェイスで、
何年も無造作に着続けた結果——のような、柔らかな素材感。
デニム好きの男子もうなる、「本物」なのに、
それなのに、それなのに。プライスは!!
1万円台後半から2万円台。これって、私が目指すコンセプトそのもの。
デニム作りとページ作り。実は似てたんです。

Models ～内面の美しさこそ、美の理由～

私をいつも刺激し続ける大好きなモデルたち

求められる女性像を理解し、身にまとった服を
最大限美しく見せようと、ポーズや表情を考える。
彼女たちの魅力は、素晴らしい
プロポーションだけではありません。
豊かな想像力、そしてプロフェッショナルな意識。
私は、いつもそこに感動し、どんなときも
仕事を続けていられる原動力になっています。
嬉しいことや辛いこと――さまざまな経験を、
消化して美しさに変えている、彼女たち。
そのオリジナルの美しさをどうしたら、
雑誌を見てくださる読者の方に伝えられるか。
毎回心を砕き、そしてその作業は、間違いなく、
私自身のおしゃれを豊かにしてくれているのです。

未希ちゃん

私自身の仕事の転換期に出会ったこともあり、
まるで同志のような存在の未希ちゃん。
思い描く、素敵な大人の女性像を、
リアルに体現してくれる人。
そして、いつでも自然体。そこも大好き♪

ゆうきちゃん

私服がとにかくおしゃれなゆうきちゃん。
そのセンスには、本当にいつも刺激されます。
そして、いつもニュートラルで
穏やかなキャラクター。
忙しいときに会うと、何だか癒されるんです。

熊沢千絵ちゃん

血のつながっていない（顔の似ていない）妹★
モデルとしての稀有な存在感は唯一無二。
けれど私は、彼女の強さ、優しさ、面白さを、
いつも切り取りたいな、と思っています。

田波涼子ちゃん
『ヴァンテーヌ』を辞めて、
『CLASSY.』で新しいキャリアを
スタートさせた時に出会った、
笑顔美人の涼ちゃん。驚くほどの集中力で、
たくさんの素敵な仕事をさせてもらいました。

With Haruko

真木明子ちゃん
160cmない、小柄なはるちゃん。
けれど、その小さな顔と長い手足で、
クラスブランドの服も着こなすのは、
いつもスゴイ!　と感動します。
嘘のない、まっすぐで透明な人。

RINA
彼女が10代の時に、
初めて仕事をしてから、モデルとして、
人として、「大人になるサマ」を、
つかず離れず見せてもらっていたので、
今のRINAの、奇跡のような美しさには
感動しています。

ヨンア
20代向け雑誌から遠ざかっていた私を、
『Oggi』で出会って以来、刺激し続けるヨンア。
ノーブルな美しさは、彼女の最大の武器。
それをどう伸ばせるか——?
一緒に仕事をするのが本当に楽しみな女性。

"生まれつき"ではない!
悩んで苦しんだから、今、胸を張って言える

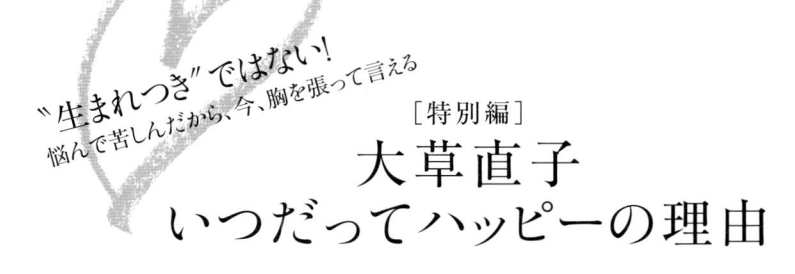

［特別編］

大草直子
いつだってハッピーの理由

「じつは私、前はものすごくネガティブで、いつも人と比べてばかり。
かなり妬み深い人間だったの」それはあまりに意外なひと言だった。
だって以前、『Grazia』で、スタイリスト3人が同ページ内で、
それぞれボーダーの着こなしを提案するという企画があった時。
大草さんは、「誰のスタイリングが一番かわいいかとか、まったく気にならない。
自分のスタイリングが超かわいければ、それでいいの」と言い切っていたから。

仕事だけでなく、顔、スタイル、おしゃれ、家、夫の職業や子どもの学校etc.……。
いつだって、誰かと比べがちな今の日本で、大草さんの考えは、とても新鮮!
それなのに、そんな今の大草さんからは考えられないような思いを、彼女も抱いていた。

今、ベネズエラ人のご主人と3人のお子さんに囲まれ、楽しい毎日を過ごしている大草さん。
人生のテーマは「Healthy、Happy、Free」だという彼女が、
かつて人と比べて妬んでばかりいた自分を、どうやってポジティブシンキングと
ハッピーオーラに変えていったのか?　その秘密を教えてもらいました。

文／和田紀子

私のラッキーボーイ・チャーリーと、しっかり者の長女・日南子、面白すぎる長男・理生、
写真には写っていない二女の麻矢。大好きな家族に支えられてこそ、仕事ができる。

「私、学生時代は自分に自信がもてず、〝これがあるから幸せ〞というより〝これがないから幸せじゃない〞という考え方が頭の中を支配していたんです」大草さんは語る。では、そんなネガティブ思考がなくなったきっかけは？
「ひとつは、自分が本当にやりたかった仕事が形になり、自分でお金を稼ぎ、一人で生きていく自信がついたことが大きかったかな。この仕事って、努力すればしただけちゃんと自分の身についてくる。母親のお腹の中から持ってきた、もともと与えられたものだけでなく、自分の実力で手にしたもので勝負ができると思えるようになったことで、気持ちが楽になったんです。私のスタイリングは、勉強して培ったスタイリングではなく、自分が実際に着ていくなかで体系化されたもの。それが自分の仕事のスタイルだと明確になった時点で、人と比べてこれがいいという『ベター』ではなく、自分の中の『ベスト』があればいいんだと思えるようになったんです。もちろん、それは人から見たらベストではないかもしれないけれど、自分の中でのマックスであればいい。そう思えているから、仕事に関しては、これまで一度も人を妬んだことはないですね」
　ということは、私生活では妬むことはあった？
「離婚したとき、子どもがいたので、『他の家は家族が揃っていていいな』とは思いましたね。離婚したことを今のようにオープンに話せなかったし、人から見た自分のイメージが崩れるのが怖くて、取り繕うことがすごく多かったと思います」

父親は銀行員、母親は専業主婦。端から見れば「普通」で「幸せ」な環境で育ち、大学も就職も望みどおり。大学時代から付き合っていた相手と27歳で結婚し、28歳で子どもを産み、仕事も続けて……。思い描く人生に必要なパーツのすべてを順調に手に入れて、幸せを手にしたはずだった。

「夫を失ったことの喪失感より、端から見た幸せの完成形が崩れてしまったという挫折感のほうが大きかった。傲慢でしたね」

彼女は、理想と現実との狭間で戸惑い、その溝を埋めようと自らを取り繕い、自分を守ろうと〝高い垣根〟を張り巡らせていった。では、その垣根を取り払うきっかけになったのは？

ありのままの自分を受け入れてくれるパートナーのおかげで解放された

「チャーリーに出会ったことです。彼は今でもそうですが、出会ったときから『あなたはあなたのままでいいんだよ』と言ってくれます。結婚するときも、私に子どもがいることをまったく気にしなかった。『あなたに子どもがいることは、あなたに目や手足があることと同じ。僕はあなたの人生を丸ごと愛しているから、その人生の過程でできた子どもを、そのまま受け入れる』と言ってくれました。ありのままの自分を受け入れてくれる相手がいれば、垣根を作って自分を守ることも、自分を取り繕うことも必要ない。パートナーとして彼以上の人はいない。もう相手を探さなくてもいいという安心感も大きかったですね」

大草さんは、彼のことを愛情を込めて〝ラッキー・チャーリー〟と呼ぶ。彼に出会ったことで、仕事も私生活も明るさを取り戻した。彼女にとって、チャーリーはまさにラッキーボーイなのだ。

「離婚を経験したことで、自分がパートナーに何を一番求めているのか、そして私に決定的に足りなかったことは何なのか、がクリアになったんです。以前は、相手がどこの大学を出て、どういう会社に勤め、どんな家柄なのかというスペックをものすごく気にしていました。今思うと、自分に付加価値をつけたかった。自分にないものを加えていくことが幸せなんだと勘違いしていたんです。でもそうじゃなかった。『あなたはあなたのままでいいんだよ』と言ってくれることが、私がパートナーに求める最大の愛であり、私の幸せ」

大草さんは、彼と出会って、100％自分が受容されていることを実感し、ないもの探しをしなくなった。

「今、自分の手のひらにのっているものに幸せを感じているし、感謝もしています。人間の欲望はキリがなくて、それを他者に求めだすとますます際限なく広がっていく。そして、それは現在を否定することにもなる。でも、あるものに目を向ければ、健康で、仕事もあって、最高のパートナーがいて、お世辞にもパーフェクトとは言えないけど一生懸命頑張っている子どももいて……。すべてが大切で、かけがえのない宝物。〝足るを知る〟ではないですが、幸せのバロメーターは低ければ低いほうが幸せですよね。そう思えるようになったのはチャーリーのおかげです。ありのままの私を受け入れてくれるパートナーがいることで、自分が解放されて、余裕ができた。だからこそ、仕事も頑張れるし、人生がポジティブに開いていった気がします」

でも、どうやったらそんなパートナーを見つけられる？

「それはもう、自分の嗅覚しかないですね。じつは、彼と結婚するとき、仕事を全部辞めて、沖縄に移住する決意をしたんです。

今、この人を逃したら、もう先は絶対にないだろうと思ったから。今の自分にとって何が一番大事か、そのへんの嗅覚みたいなものは、いつも研ぎ澄ますようにしています。人生って、すべてが選択ですよね。選択肢をフラットな状態に置いてみて、どっちが重い？とつねに考えているんです。頭の中をクリアにして、答えを吟味している。人から見たら、『どうしてこっちを選ばなかったの？』と思われるかもしれないけれど、私にとってはベストだという自信があるから、それでいい」

人生のピークは60歳。
もっともっと素敵になれる

大草さんはつねに、今、自分にとってベストだと思うものを選択し、今、目の前にあることに精一杯以上の努力をしてベストを尽くす。その基準はあくまでも自分の中にあり、そこには他者の目は一切介入してこない。

「私は人から評価されたいとか、認めてもらいたいと思って頑張っているわけじゃないんです。評価は他人が決めることで、それは自分ではどうしようもないことだから。でも、自分ができることにベストを尽くして、培ったものがあれば、そんな自分を『頑張ったね』と認めてあげることはできる。それは私の場合は仕事だったけれど、家事でもボランティアでも何でもいいと思うんです。自分で自分を認めてあげることができれば、ものすごく楽になる。そこに無条件に受容してくれる他者のやさしい眼差しがあれば、さらに楽になると思います」

自分で自分を認め、ありのままの自分を受け入れてくれるパートナーを得たことで、大草さんは人と比べることも、人を

妬むこともしなくなった。
「〝私っておしゃれじゃないし、キレイじゃないし〟って言う人はすごく多い。でも、それって人と比べすぎです。私は自分よりキレイでおしゃれなモデルをいっぱい見ているけれど、その人になりたいと思ったことは一度もない。私は私が一番いい。今の自分が一番好きです。つねにアイ・ラブ・ミーだし、子どもたちにもそうあってほしい。『あなたは今のあなたでいいのよ。今の自分を一番好きでいなさい』そんなメッセージを身をもって教えていくのが、親として私が子どもたちにできることだと思っています。だって、まず自分を愛してあげないと誰も愛せないし、誰からも愛されない。だから、自分を認めてあげられないのって、人生そのものがものすごく辛くなることなんですよね。でもね、誰だって大人になるまでには、さまざまな選択をして、培ってきたものがあるはず。だから、これから先の幸せのためにも、これまでの自分を振り返ることは大切なんです。そこに、あなた自身を愛するヒントがあるはずだから」
　では、これから先の大草さんのビジョンは？
「私、女性の美しさのピークは60歳くらいだと思っているんです。10代、20代は若さの輝きがあるけれど、そこから先は、経験や生き方が反映されてくる。人生は長いから、自分の中でのピークを60歳にもっていった時点で、またすごく楽になりました。私はまだまだこれから……。もっと頑張れるし、できることもたくさんある。おしゃれだって確実に上達していくわけだから、もっともっと素敵になれる！　60歳の同窓会で『この人やばくない？　超キレイ』って同級生に言われるその日まで、『今が一番楽しい♪』と思って走り続けます」

［書き込み編］

Your Personal Book

～あなたらしさを見つけるために～

では、最後に、〝あなたらしさ〟を考えましょう。
きっと、あなた自身も気付かなかった、素敵なおしゃれが見つかるはず☆

STEP 1 Look back on yourself

Q.小さい頃、お母様に着せてもらっていたのは、
どんな服だった？

Q.おしゃれに目覚めたのはいつごろ？
初めて自分で選んで買ったものは？

Q.不思議と好きで、集めてしまうモチーフはある?

STEP 2
Think about
your favorite items

Q.クローゼットを見渡して!　一番多いのは何色?

STEP 3

Picture yourself

Q.まずは、好きなセレブを3人あげてみよう!

Q.その人の、どこが好き?　顔?　スタイル?　服?
それとも性格?　演技?

Q.彼女から取り入れるエッセンスは、見つかった?

STEP 4
Imagine your future

Q.5年後、どんな女性になっていたい?
具体的に〝妄想〟しちゃおう!

STEP 5
For whom? For what?

Q.あなたのおしゃれには、どんなシーンがありますか?
仕事?　学校?　ママ友と?　デート?

STEP 6
Picture your partner

Q.さぁ、彼の服装を思い浮かべて!
彼がいない人は、理想の彼でOK。

Q.彼の隣に似合うのは、どんな女性かしら?

Q.彼のおしゃれ改造も必要だったりして?(笑)

Q.ちょっとキツイけど、
裸で鏡の前に立ってみる?

STEP 7
Check your body

Q.あなたの体のどこが好き?
まずは、〝好き〟から探しましょ。

ここまでたどり着いたあなたには、もう、〝自分らしさ〟がわかっているはず。
そしてそれは、あなたの一生の宝物になるのです♪

BRAND LIST

この本では、私がいつもお世話になっている、大好きなブランドの商品をご紹介しました。コメントを参考に、ぜひお店も覗いてみてください。

アガット

☎0800-300-3314／渋谷区千駄ケ谷2-11-1

少しエスニックな香りのする、デイリージュエリーが揃う。買いやすい価格も嬉しい★

ウィム ガゼット 青山店

☎03-5778-4311／港区南青山5-11-9 レキシントン青山ビル1F

ブランドのコンセプトにも、そして出来上がる商品にも心から賛同する、大人のショップ。

オンワード樫山 お客様相談室（ジョゼフ）

☎03-5476-5811／港区海岸3-14-21

私の着こなしを支える、美しいシルエットのパンツが毎シーズン揃う。イギリスのブランド。

菊地宝飾 フォーシーズンズホテル 東京店

☎03-3947-7805／文京区関口2-10-8

基本、すべてオリジナルのジュエリーで、一点もの。少しずつ集めたい本物が、ここにはある。

ゲストリスト（レッドカード）

☎03-5728-8788／渋谷区代官山町9-7 202

私の「デニム観」を変えた、日本のブランド。「買いやすい価格で高品質」本当にすごい!

ヤマツゥ（シチズンズ・オブ・ヒューマニティ）

☎03-5428-8105／渋谷区恵比寿西1-32-26 ヒルクレスト代官山1F

デニムブランド。何度も洗いをかけたソフトな素材感と、シルエットが秀逸。

昭和西川（マイー）

☎03-6858-5676／中央区日本橋浜町1-4-15

ホワイトカシミアを使用しているから、微妙な色出しがキレイ。サイズ展開も豊富です。

ストラスブルゴ

☎0120-383653／港区南青山3-18-1

行くたびに「勉強させてもらっている」ハイセンスなショップ。オリジナルが買い!

スリードッツ代官山アドレス店

☎03-5428-3792／渋谷区代官山町17-6 代官山アドレス・ディセ2F

厳選した素材、計算されたデザイン。カットソーっておしゃれ……、と教えてくれたショップ。

ダイアン フォン ファステンバーグ

☎03-6748-0514／世田谷区玉川2-21-1 二子玉川ライズ・オフィス

一世を風靡したラップドレスに見られるように、大人の女性の身体を知り尽くしたブランド。

トレトレ 青山店

☎03-5468-2262／渋谷区神宮前5-48-3

目利きのバイヤーがヨーロッパで探してくるブランドは、オリジナリティに溢れ、買いやすい。

プチバトーブティック表参道店

☎03-5468-2471／渋谷区神宮前5-8-2

フレンチシンプルなカットソーやニットなどが揃うブランド。小さいサイズも豊富で嬉しい。

ベルシオラ

☎0800-300-3336／渋谷区千駄ケ谷2-11-1

ヴィンテージを思わせる、繊細なジュエリー。タイで作るから、価格も抑えられている。

MIZUKI

☎0800-300-3033／渋谷区千駄ケ谷2-11-1

長澤瑞さんが作る、NYの空気を映したジュエリーのブランド。モードのさじ加減が絶妙。

ラ・フォンタナ・マジョーレ

☎03-3794-4450／渋谷区恵比寿南1-20-3

素材、デザイン、ディテール——すべてにこだわりぬいた、主にイタリアメイドの服が揃う。

---

*この本でご紹介している商品は、2011年秋の取扱商品ですので、売り切れ、販売中止の可能性がございますことをご了承ください。
また、「本人私物」と記載のあるものは、著者、大草直子さんの私物です。現在は取り扱いがないものですので、ブランドやお店へのお問い合わせはご遠慮ください。なお、この件についてのお問い合わせは、Grazia編集部☎03-5395-3449までお願いいたします。

あとがき

まずは、最後まで読んでいただき、いや、参加していただき、ありがとうございました。きっと、面倒くさいな、イヤだな、と思う作業もあったと思います。

けれど、この本の大きな目的は、「考えてもらうこと」。自分の素晴らしいチャームを、宝物のような個性を、そして、「どんな女性になりたくて」「どんなおしゃれがしたいのか」を——。きっと、それは、自分で探すしかないのだから。

フリーランスになって、今年で12年目。なぜかよく、この仕事を始めたときの思いや、そしてその後『ヴァンテーヌ』の編集者になってから抱いていた使命感のようなものを思い出します。もしかしたら、10年がキャリアの一区切りだと思っていたので、原点を見直そう、ということなのかもしれません。私のキャリアの原点。それは、〝考え抜いたおしゃれ〟が、いかにあなたを素敵に見せてくれるか——ということ。そして、そのための具体的なアイデアを、読者の方に届けるということ。もちろん、考えても失敗することはあります。でも、そこでもう一度考えることで、おしゃれは確実に前進する——。

だからこそこの本は、一度読んでおしまい、と本棚にしまうのではなく、しばらくして、ふと気づいたときにページをめくり、また考える。そうして、気がついたら、自分で自分のおしゃれの偏差値を上げていた——それが理想。そうやって自らの手で見つけた「あなたらしいおしゃれ」は、きっと一生の財産になる。もちろん、人生でさまざまな経験をするように、おしゃれだって、少しずつ形を変えるだろうし、それでいい。ただ、一度あなたの中ではっきりとした形になった〝おしゃれ〟は、きちんと「あなた自身の進化」にも応えてくれるのです。

着たい服、着るべき服がクリアになり、毎日のコーディネートが短い時間で決まれば、余った時間は、もっともっとほかのことに使えるはず。そしてきっと、おしゃれをして外に出かけることも、いつも以上に楽しみになるはずです。こんな幸せのスパイラルがあなたの周りに生まれたら……。とてもとても嬉しく思います。

最後に――。もう、10年近く仕事をさせていただいている『Grazia』編集部から、このような素敵な本のお話をいただきました。フリーランスのスタイリストとしてひよっこだった私を辛抱強く育ててくれた『Grazia』に心から感謝し、加藤孝広編集長にもお礼を申し上げたいと思います。そして、担当編集の匂坂多恵子さん。何度も打ち合わせを重ね、深夜までああでもないこうでもないと構成を考え、そして締め切り直前まで、できるだけ伝わりやすいように、とセッションを重ねました。きっと、読者の方に届きますように――。同じ、熱い気持ちをもって最後まで伴走してくれたこと、本当に感動し感謝しています。もちろん！ 毎回、ぎりぎりにバタバタする私を支えてくれた夫のチャーリー、子どもたちにもお礼を言いたいと思います。

そして、最後までおつき合いくださった、あなたへ――。

ありがとうございました！

大草直子（おおくさ・なおこ）

スタイリスト／ファッションエディター。1972年、東京都生まれ。
立教大学卒業後、婦人画報社（当時）に入社。『ヴァンテーヌ』編集部に勤務。
編集者として、スタイリングも含め、ベーシックなおしゃれの基本を学ぶ。
1999年、退社し、1年間南米へサルサ留学。
帰国後、フリーのスタイリスト兼ファッションエディターとして
さまざまな女性誌（『Grazia』『VERY』『Oggi』『CLASSY.』など）で、
大人のカッコよさを感じさせる、カジュアルスタイルを提案。
2009年、初の著書『おしゃれの手抜き』を、続いて『おしゃれの練習帖』を発売、好評を博す。
また、2010年12月から始めたブログでは、私服スタイル公開のほか、
ブログに寄せられるおしゃれに関する細かな質問にも丁寧に答える姿勢で、多くのファンを獲得。
現在は、女性誌のほか、広告、通販誌、CMなどのスタイリング、トークショー、講演会など幅広く活躍。
その一方で、私生活では、ベネズエラ人の夫と、
3人の子（10歳の長女、6歳の長男、1歳の次女）を持つ母の一面も。
子供がいても、仕事に全力を尽くし、と同時に、プライベートな時間の楽しみ方、家族との仲の良い様子など、
さまざまな場面で魅力的な人柄を振りまき、その姿に多くの女性の共感を集めている。

ぜひ、この本の感想を、著者のブログにお寄せください。
『大草直子の情熱生活　～Bailame?』
http://blog.excite.co.jp/grazia-naokoohkusa

Staff

撮影	最上 裕美子（人物）
	坂根 綾子（静物）
デザイン	内藤 美歌子（VERSO）
イラストレーション	緒方 環

トレンドよりも、似《に》合《あ》うが最強《さいきょう》！
大《おお》草《くさ》直《なお》子《こ》の〝考《かんが》えるおしゃれ〟

2011年10月20日　第1刷発行
2011年12月1日　第3刷発行

著　者　大《おお》草《くさ》直《なお》子《こ》
発行者　持田克己
発行所　株式会社講談社
〒112-8001　東京都文京区音羽2-12-21
電話　出版部　03-5395-3449
販売部　03-5395-3606
業務部　03-5395-3615
印刷所　大日本印刷株式会社
製本所　株式会社大進堂

ISBN978-4-06-217245-5